양승국
신부의
성모님
이야기

양승국 신부의

성모님 이야기

초판 발행일 2023. 5. 31
1판 2쇄 2024. 1. 17

글쓴이 양승국
펴낸이 서영주

펴낸곳 성바오로
출판등록 7-93호 1992. 10. 6
주소 서울특별시 강북구 오현로7길 20(미아동)

취급처 성바오로보급소 **전화** 944-8300, 986-1361
팩스 986-1365 **통신판매** 945-2972
E-mail bookclub@paolo.net
인터넷 서점 www.paolo.kr

책값은 뒤표지에 있습니다.
ISBN 978-89-8015-945-1
교회인가 서울대교구 2023. 4. 7 SSP 1088

ⓒ 양승국, 2023

성경 ⓒ 한국천주교중앙협의회, 2023.

・이 책은 저작권법의 보호를 받으므로 무단전재와 무단복제를 금합니다.
이 책 내용의 전부 또는 일부를 재사용하려면 반드시 저작권자와 성바오로출판사의 동의를 얻어야 합니다.

양승국 신부의 성모님 이야기

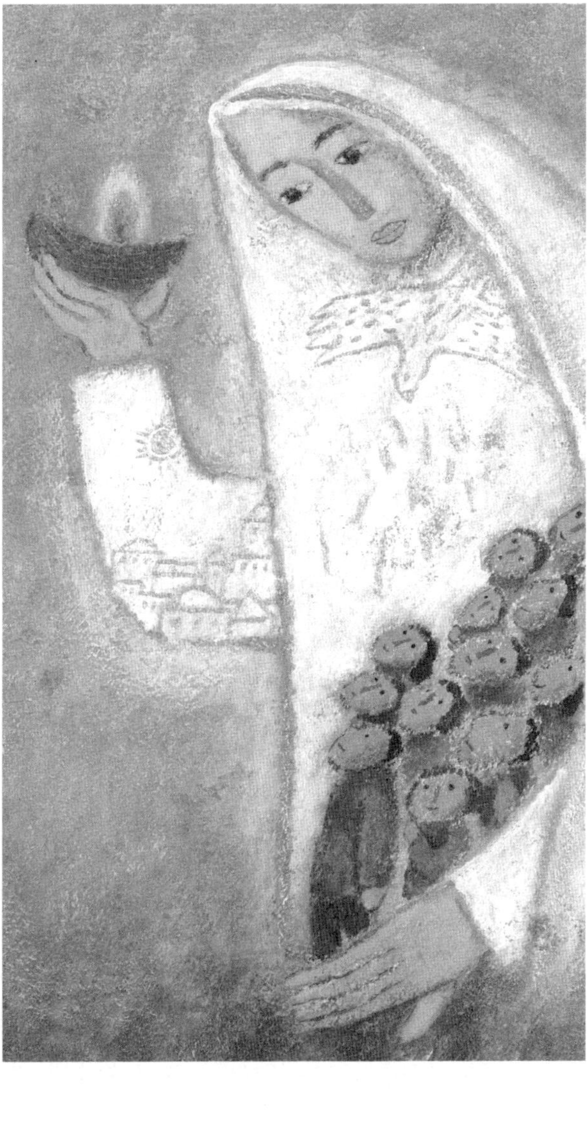

양승국 글

성바오로

들어가며

여러분 안녕하십니까?

우리 교우들께서 이 시간을 통해 성모님을 좀 더 잘 이해하고, 사랑하게 되고, 성모님의 여러 덕행들을 구체적인 삶 속에서 잘 실천하며 살아가시기를 청하며 이 여정을 시작합니다.

저는 오늘부터 열 번에 걸쳐서 성모님에 대해서 소개해 드리겠습니다.

성모님 관련 책들도 내고, 여기저기 다니면서 성모님에 대한 강의도 하고 있지만, 솔직히 성모님에 대해 이야기한다는 것은 늘 어렵고 부담스럽습니다.

이런 부담이 있기에, 자비하신 주님의 은총과 도움이신 성모님의 협력을 청하면서, 그리고 겸손한 마음으로 기도하면서 성모님을 향한 여행길을 출발하겠습니다.

열 번이나 되는 강의를 어떻게 꾸려야 되나, 고민을 하다가 제 주변의 여러 지인들에게 협조를 구했습니다.

"제가 이번에 성모님에 대한 강의를 열 번에 걸쳐 하게 됩니다. 혹시라도 성모님과 관련해서 궁금한 부분이나 이해하기 힘든 부분 있으면, 뭐든 괜찮으니 질문을 해 주십시오." 라고 부탁드렸습니다.

고맙게도 많은 분들이 협조해 주셔서, 수백 개의 질문을 수집했습니다. 좋은 질문으로 인해서 이 강좌가 훨씬 풍요로워지리라 기대합니다.

차례

들어가며

첫 번째 이야기 성모님의 생애   9

두 번째 이야기 성모님의 고통과 예수님의 고통   35

세 번째 이야기 교회의 어머니이신 성모님   61

네 번째 이야기 성모님 공경   81

다섯 번째 이야기 묵주 기도   107

여섯 번째 이야기 성모님 발현 133

일곱 번째 이야기 하늘의 여왕이신 성모님 161

여덟 번째 이야기 성모님을 사랑한 사람들 183

아홉 번째 이야기 바람직한 성모 신심과 그릇된 성모 신심 207

열 번째 이야기 성모님에 관한 4대 교리 231

첫 번째 이야기

성모님의 생애

저는 오늘 인류 역사상 가장 드리마틱한 삶, 가장 경이로운 삶, 가장 눈부신 삶, 가장 큰 인생 역전을 이룬 삶의 주인공이신 성모님의 생애에 대해서 말씀드리겠습니다.

제일 기본적인 것부터 시작해 볼까요? 먼저 성모님의 이름입니다. 성모님의 이름은? 무엇입니까? 잘 아시는 것처럼 마리아입니다. 마리아는 당시 유다 사회 안에서 가장 흔한 이름 중에 하나였습니다. 연세 좀 있으신 분들은 생생히 기억나실 겁니다. 휴대전화가 없던 젊은 시절, 그 시절에는 음악다방이나 찻집에서 약속을 많이 잡았습니다. 예수님 시대에 당시 사람이 많이 모인 장소에서 누군가 "마리아!" 하고 외치면, 열에 서넛은 "예!" 하고 돌아볼 정도로 마리아는 흔한 이름이었습니다. 복음서 안에만 봐도 성모님뿐만 아니라 마리아가 여러 명 등장합니다. 막달라 여자 마리아, 베타니아의 마리아, 야고보와 요셉의 어머니 마리아가 등장합니다. 당시 그 지역 사람들의 이름이 적힌 묘비가 많이 발견되었는데, 역시 마리아라는 이름이 흔하게 등장합니다. 그만큼 성모님의 원래 인생은 당시 여인들과 비교해도 특별히 다른 점이 없는 평범한 인생이었습니다.

그런데 마리아라는 이름이 흔해진 이유도 있습니다. 좋은 이름이기 때문입니다. 이스라엘 민족의 영도자 모세의 누나 이름이 미리암이었습니다. 미리암은 유다인들의 언어인 아람어 이름이었는데, 미리암이 희랍어로 번역되면서 마리아가 된 것입니다.

"성모님도 부모님이 계셨을 텐데, 어떤 부모님 밑에서 어떻게 성장하셨나요?"

성모님의 부모님은 요아킴과 안나입니다. 두 분에 대해서는 교회 전례력에도 나와 있습니다. 두 분의 축일은 7월 26일입니다. 교회는 초세기부터 이 두 성인을 공경해 왔습니다. 성경에는 요아킴과 안나에 대한 언급이 일체 등장하지 않습니다. 그러나 교회는 전승을 통해서 두 분의 생애에 대해 언급합니다. 아버지 요아킴은 나자렛 출신으로 존경받는 부자였습니다. 어머니 안나는 베들레헴 출신의 신심 깊은 여인이었습니다. 두 분은 열심한 신앙인이었지만 나이가 들도록 자녀가 없었습니다. 더 이상 기다릴 수 없었던 요아킴은 자녀를 청하기 위해 광야로 들어갔고, 40일을 단식하며 기도했습니다. 안나 역시 집에 남아서 탄식하며 기도를 바쳤습니다. 두 분의 기도가 얼마나 간절했던지 마침내 주님께서 응답을 주셨습니다. 천사가 안나에게 나타나 온 세상에 이름을 떨칠 아기를 낳을 것이라고 전했습니다. 안나는 아기가 태어나면 하느님께 봉헌하겠다고 약속했습니다. 광야에서 기도하던 요아킴 역시 안나와 비슷한 환시를 받고 집으로 발걸음을 돌렸습니다. 요아킴이 집으로 돌아오고 있다는 사실을 알고, 안나는 성문 앞까지 마중을 나갔습니다. 두 사람은 서로 부둥켜안고 기쁨의 눈물을 흘렸습니다. 드디어 출산 날이 다가왔습니다. 그런데 막상 아이를 출산하고 보니, 기대했던 아들이 아니라 딸이었습니다. 처음에는 많이 실망했지만, 마음을 바꿔 먹었습니다. 하느님께 깊이 감사드리며 아기에게 마리아라는 이름을 붙였습니다. 또 하느님께 봉헌하겠다는 약속을 지키기 위해서 마리아가 세살이 되었을 때 예루살렘 성전에 데려가 그곳에서 교육을 받을 수 있도록 맡겼습니다. 여기까지가 전승에 따른 성모님의 부모님 요아킴과 안나의 행적입니다. 신심 깊은 요아킴과 안나는 지극정성으로 마리아를 양육했고 교육했을 것입니다.

"성모님의 어린 시절은 어떠했나요? 어떤 사회 환경 속에서 살아가셨나요?"

성모님의 고향인 나자렛은 낙후한 지역 갈릴래아에서도 아주 후미진 곳에 위치한 작은 마을이었습니다. 전체 인구를 다 합해도 4백 명 정도였습니다. 뿐만 아니라 당시 로마 제국의 식민 지배를 받고 있었습니다. 우리 민족도 일제 강점기를 체험해 봤기에, 당시 유다인들이 얼마나 힘겹게 살았을지, 나자렛의 마리아 역시 얼마나 팍팍한 삶을 살았을지 짐작할 수 있겠습니다.

그런데 하느님께서는 이 보잘것없는 산골 소녀 마리아를 총애하셨습니다. 하느님께서는 이 세상에 내려오실 당신의 통로이자 사다리로 나자렛의 마리아를 선택하셨습니다.

예수님께서도 당대 나름 잘 나간다고 자부하던 왕실 가문이나 고관대작들, 대학자들이나 대사제들과 친하게 지내신 것이 아니라, 사회적 약자들, 이방인들, 가난한 사람들, 여인들, 가장 낮은 곳에 있는 사람들과 친하게 지내셨음을 강조합니다. 우리 하느님은 참 묘하십니다. 기를 쓰고 위를 향해 올라가려고 발버둥치는 사람들은 한없이 깊은 나락으로 떨어트리십니다. 한사코 아래로 내려가려는 겸손한 사람들은 어떻게든 선택하시고 총애하시며 위로 높이 끌어올리

성모님의 생애

십니다. 나자렛의 마리아가 그 대표적인 인물이었습니다. 나자렛의 마리아에 대한 기사는 네 복음서 여기저기 단편적으로 소개됩니다. 억지로 이어서 붙이면 하나의 이야기가 되겠지만, 어색하고 불완전합니다.

또 한 가지 문제는 각 복음사가들마다 마리아에 대한 접근 방식이 다릅니다. 마태오 복음사가는 마리아에 대해 아주 조금 언급합니다. 루카 복음사가는 전혀 다른 이야기를 썼습니다. 마르코 복음사가는 별 이야기를 하지 않습니다. 요한 복음사가는 또 다른 측면의 이야기를 합니다. 네 복음서에 소개된 내용만으로는 마리아의 출생에서 죽음까지 일관된 이야기를 엮기가 힘듭니다. 다만 유추가 가능할 뿐입니다. 복음사가들은 복음서를 기록하면서 주로 예수님의 행적과 제자 공동체의 성장에 초점을 맞추었기에 그랬을 것입니다. 그러나 다른 한편으로 그만큼 나자렛의 마리아는 조용하고 겸손하게 사셨다고 말할 수 있습니다. 아들 예수님의 인류 구원사업이 아무런 차질 없이 예정대로 잘 이루어지도록 언제나 구세사의 무대 뒤에서 조용히 기도하고 조력했던 결과가 복음서상 지극히 부족한 마리아 관련 이야기라고 볼 수 있겠습니다.

1세기 무렵 나자렛은 어린 소녀가 살아가기에는 무척 고된 사회 구조였습니다. 당시 유다 사회는 남성 위주의 가부

장적 사회였습니다. 일단 남성으로 태어나야만 1등 시민의 기본 자격을 갖춘 것으로 여겼습니다. 당연히 여성은 출생과 동시에 2등 시민이었습니다. 당시 여성들은 온전한 유다인으로 간주되지 못한 것입니다. 여성들은 종교 예식에도 참여할 수 없었습니다. 법정이나 공식적인 자리에서 발언권도 보장받지 못했습니다. 그러나 하루하루 먹고 살기 위한 일은 고되었습니다. 당시 여인들은 거의 문맹이었습니다. 과격한 유다인들은 이따금씩 로마에 반기를 들며 폭동을 일으켰습니다. 역사가 요세푸스의 기록에 따르면, 그럴 때마다 로마의 반응은 신속하고 잔혹했습니다. 로마 군인들은 수많은 유다인들을 살상하고 노예로 끌고 갔습니다. 소녀 마리아는 자신의 눈으로 남편과 아들을 잃고 울부짖는 여인들의 모습을 보았을 것입니다. 이렇게 마리아는 척박한 시골 나자렛에서 격동의 세월을 보내면서 별 다른 희망도 없이 하루하루를 보내고 있었습니다. 하지만 유다인들은 오랜 전통에 따라 조만간 메시아가 등장할 것이고, 그가 온 이스라엘을 정복하고 강력한 왕국을 건설하리라는 희망과 기대를 안고 살아가고 있었습니다. 그러나 정작 마리아는 그러한 메시아 탄생이 자신을 통해서 이루어지리라고는 꿈에도 생각하지 못했습니다.

당시 유다 소녀들은 10대 초반이 되면, 너나 할 것 없이

성모님의 생애

일종의 통과 의례를 치러야 했습니다. 이른바 성숙도 조사입니다. 성숙한 여인이 되었는지 판명이 되고, 열두 살 반이 지나면 합법적으로 결혼할 수 있었습니다. 결혼은 주로 부모에 의해서 주도적으로 이루어졌습니다. 딸은 아버지의 소유물로 여겨졌습니다. 처녀를 둔 아버지는 과부보다 두 배 많은 혼인 지참금을 신랑 측에서 받았습니다. 결혼하는 데 요즘같이 사랑이니 뭐니 하는 것은 생각할 수조차 없었습니다. 마리아에게는 선택권이 조금도 없었습니다. 아버지가 결정한대로 목수 요셉과 약혼을 하게 된 것입니다. 당시 결혼식의 백미는 결혼 행렬이었습니다. 약혼 후 1년이 지나면 신랑이 신부 집에 와서 신부를 데려갑니다. 결혼식 날 밤 신부는 친정에서 시댁까지 가마 비슷한 것을 타고 갔습니다. 마을 사람들은 다들 손에 횃불을 들고 뒤따랐습니다. 신부 입장에서 열두 살 열세 살 어린 나이에 꽤나 부담되는 순간이었지만 기대도 컸습니다. 모두가 어울리는 기쁨의 행렬이었습니다. 요셉과 약혼한 마리아 역시 먼저 시집간 언니들이나 친구들의 그런 모습을 보면서 결혼을 준비하고 있었습니다. 마리아 역시 한편으로 부담스럽고 다른 한편으로 설레는 마음으로 결혼식 날을 기다리고 있었던 것입니다.

    마리아는 나자렛의 다른 소녀들처럼 결혼식 준비를 하고 있었는데, 어느 날 갑자기 그녀의 운명은 180도 뒤바뀌고 맙니다. 마리아에게 혼전 잉태라는 큰 사건이 발생합니다. 당시로서는 어마어마하게 큰 스캔들이었습니다. 가브리엘 천사가 마리아에게 나타나 주님 탄생을 예고합니다. "마리아야! 하느님께서 너를 선택하셨다. 네가 아들을 낳을 터이니 그 이름을 예수라 하여라." 마리아의 혼전 잉태 사실은 주변 사람들, 특히 마리아의 부모와 약혼자 요셉에게 정말이지 충격적인 사건이었습니다. 당연히 마리아의 부모는 노발대발했을 것입니다. 아버지의 분노는 공포로 변했을 것입니다. 당시 혼전 잉태는 도저히 용서받을 수 없는 행동이었습니다. 아버지의 머릿속은 하얗게 변했을 것입니다. 대체 이 일을 어쩐다. 만일 요셉이 이 일을 알게 되면… 그래서 그가 길길이 뛰면서 법대로 하겠다고 하면, 거금의 지참금도 돌려줘야 하고, 사랑하는 딸의 미래는 또 어찌될 것인가? 잔뜩 겁에 질린 마리아, 마리아보다 훨씬 큰 두려움에 사로잡힌 부모들… 참으로 절박한 상황이었습니다. 그때 또다시 주님의 천사가 움직이기 시작합니다. 천사가 요셉의 꿈에 나타나 상황을 소개하며 협조를 구합니다. 신앙심이 깊은 요셉은 두말하지 않고 마리아를 아내로 맞아들였습니다.

"예수님의 양부이자 성모님의 인생 동반자인 요셉 성인은 구세사 안에 꽤 중요한 인물인데도 복음서 안에 거의 등장하지 않습니다. 어찌된 일입니까?"

요셉을 소개할 때 의인, 과묵한 사람, 침묵의 성인으로 칭송합니다. 요셉은 침묵의 달인이었습니다. 그러나 그의 침묵은 그저 입 다물고 아무 말 않는 침묵이 아니라, 하느님의 강생이란 큰 신비 앞에 성숙한 신앙인으로서 취한 차원 높은 침묵이었습니다. 만일 요셉이 마리아의 혼전 잉태 사건 앞에서 입을 다물지 않고 크게 떠벌렸다거나, 여기저기 들쑤시고 다녔다면 예수님의 인류 구원 사업은 큰 지장을 받았을 가능성이 있습니다. 그러나 요셉은 침묵하고 또 침묵했습니다. 침묵 속에 강생의 신비를 묵상했습니다. 성장 과정에서 예수님의 이해하지 못할 언행들 앞에서 또 침묵했습니다. 지금은 비록 정확히 이해하지 못하지만, 언젠가 때가 되면 하느님께서 알려 주실 것을 굳게 믿으면서 침묵하고 또 침묵한 것입니다.

당시 유다 결혼 문화 안에서 약혼 기간 동안 두 사람은 각자 부모의 집에서 거주했지만, 법적으로는 이미 부부로 간주되었습니다. 요셉은 이미 법적으로 마리아의 남편이었습니다. 그 기간 동안 약혼녀가 다른 마음을 먹을 경우, 큰 범죄로 간주했습니다. 마리아의 혼전 잉태 사건의 경우 요셉은 혼인법에 따라 마리아에게 이혼장을 써 주고 두 증인 앞에서 버릴 수 있었습니다. 그럴 경우 마리아와 그녀의 부모가 받을 모욕과 타격은 상상을 초월하는 것이었습니다. 그러나 요셉은 인간의 의지를 버리고 하느님의 뜻에 순종했습니다. 천사의 말을 굳게 믿고, 큰 곤경에 처한 마리아를 끝까지 보호했습니다. 마리아의 생애에 발생한 이 특별한 사건 앞에서 요셉이 겪은 내적 고통이 얼마나 컸을까 하는 것은 부연 설명을 하지 않아도 잘 알 수 있습니다. 어찌 보면 사랑하는 약혼녀를 일순간에 하느님께 강탈당한 것입니다. 마리아와 꿈꾸던 단란한 가정도 물 건너가 버렸습니다. 요셉은 무척이나 당황했고 고뇌했습니다. 마음이 크게 동요되어 밤잠도 설쳤습니다. 배신감에 치를 떨기도 했습니다. 그러나 요셉은 신중하고 사려 깊은 사람이었습니다. 의롭고 신심 깊은 사람이었습니다. 하느님께 마음을 활짝 열고 그분의 말씀에 적극적으로 순명하고 협조한 요셉 덕분에 예수님의 인류 구원 사업은 큰 무리 없이 첫 삽을 뜰 수 있었습니다.

"성모님께서는 예수님을 어떻게 양육하신 건가요? 특별했을까요? 우리와 별반 다를 바 없었을까요?"

예수님은 하느님이시면서도 철저히 한 인간으로 이 땅에 내려오셨습니다. 당연히 우리와 똑같은 인간 조건을 지니셨고 우리와 동일한 삶의 양식을 살아가셨습니다. 삼시 세끼 먹어야 했고 화장실도 가셔야 했습니다. 저는 요즘 충청도 태안반도 끝에 있는 시골에서 생활하는데, 가끔씩 새끼들을 양육하는 어미 새들을 관찰할 수 있습니다. 어미 새의 극진한 모성은 정말이지 대단합니다. 새끼들이 알에서 부화하고 나면 어미는 완전히 자신을 잊습니다. 하루 온종일 목숨까지 걸면서 새끼들을 먹여 살립니다. 혹시라도 침입자가 새끼들을 공격하지 않을까 노심초사하면서 힘든 하루하루를 보냅니다. 성모님 역시 아기 예수님을 출산하신 이후 삶은 보통 어머니들과 별반 다를 바가 없었을 것입니다. 아기 예수님을 품에 안은 성모님의 마음은 다른 어머니들보다 더욱 특별했을 것입니다. 더 조심스럽고 더 노심초사하며 많은 신경을 쓰셨을 것입니다. 아기 예수님이 성장하는 모습을 순간순간 지켜보신 성모님은 혹시라도 자신으로 인해 아기 예수님이 조금이라도 잘못되면 어떻게 하나 걱정이 태산이었을 것입니다. 또한 성모님은 묵묵히 예수님을 위해 엄마로서 최선을 다했습니다. 예수님이 있는 그곳에 늘 계셨습니다. 필요한 것이 있을 때 언제든지 응했습니다. 잠시도 떨어져 있지 않고 예수님 주변만 맴돌며, 예수님만을 바라보고, 예수님만을 사랑하고, 예수님만을 연구하고, 예수님만을 관상했던 예수님의 사람이 바로 성모님이셨습니다.

"성모님은 언제 행복을 느끼며 사셨는지 궁금합니다. 한 전문가에 따르면 성모님께서는 평생 단 두 번, 예수님 탄생 때와 부활 때만 기뻐하셨다고 하는데, 어떻게 생각하십니까? 성모님의 전 생애는 고통과 슬픔만 가득한 힘겨운 나날이었나요?"

성모님 생애 안에 아들 예수님으로 인한 고통과 슬픔의 순간이 있었을 것입니다. 그러나 마냥 그렇지는 않았을 것입니다. 마치 오늘날 우리 어머니들이 그런 것처럼 말입니다. 아마도 성모님께서는 아들 예수님과 살아가시면서 오늘 우리들 어머니처럼 희로애락의 모든 감정을 똑같이 느끼셨을 것입니다. 기쁘고 행복한 순간도 분명 많았을 것입니다. 언제 기쁘셨을까요? 구세주 하느님께서 나를 통해서 이 세상에 오셨습니다. 구세주 하느님을 직접 내 팔에 안았습니다. 구세주 하느님께 직접 젖을 먹였습니다. 구세주 하느님을 직접 내 손으로 키웠습니다. 구세주 하느님께서 내 도움에 힘입어 무럭무럭 성장했습니다. 이것보다 더 큰 기쁨, 더 큰 행복이 어디 있겠습니까? 한 살 정도 된 인형 같은 아기 예수님께서 성모님을 바라보며 까르르 웃음을 터트릴 때 성모님께서 인상을 팍 쓰셨을까요? 성모님도 따라서 환하게 웃으셨을 것입니다. 물론 십자가 아래에서 참혹함과, 돌아가신 예수님을 당신 팔로 안는 괴로움도 겪으셨지만, 고통보다는 기쁨이, 시련보다는 축복이 훨씬 많은 성모님의 생애였을 것입니다.

"복음서에 보면 예수님에게 형제들이 있다고 기록되어 있습니다. 그럼 성모님은 예수님 이외에 또 다른 자녀들을 요셉과 사이에서 출산하신 건가요? 어떤 교단에서는 성모님께서 예수님 말고도 총 네 명의 아들과 두 명의 딸을 낳으셨다는데 사실인가요?"

여기에 대한 자료는 마태오 복음서와 마르코 복음서에 소개되고 있습니다. 공생활을 시작하신 예수님께서 고향 나자렛을 찾아가셨는데, 고향 사람들이 예수님을 배척하며 이렇게 말했습니다. "저 사람은 목수의 아들이 아닌가? 그의 어머니는 마리아라고 하지 않나? 그리고 그의 형제들은 야고보, 요셉, 시몬, 유다가 아닌가? 그의 누이들도 모두 우리와 함께 살고 있지 않은가?"(마태 13,55-56) 장로교와 일부 개신교 종파에서는 이 복음 말씀을 문자 그대로 해석하고 수용합니다. 그래서 마리아는 요셉과 사이에서 예수님 외에도 네 명의 아들과 두 명의 딸을 낳았다고 간주합니다. 동방 정교회는 해석이 좀 다릅니다. 요셉은 전처와 사별하고 마리아와 재혼했으며, 여섯 명의 자녀들은 요셉이 전처와의 사이에서 낳은 자녀들이라고 이야기합니다.

원죄 없으신 잉태와 평생 동정 교리를 굳게 믿고 선포하는 우리 가톨릭교회는 어떻게 해석하고 있을까요? 그리 어렵지 않습니다. 아주 간단하게 해결합니다. 가톨릭교회는 이에 대해서 누구보다 성경을 사랑했고 성모님도 극진히 사랑했던 예로니모 성인의 해석을 따릅니다. 예로니모 성인은 당시 유다 사회 안에서 '형제'라는 단어가 굉장히 폭넓게 사용되었다고 이해합니다. '형제!' 하면 단순히 한배에서 태어난 친형제만 의미하는 것이 아니라, 사촌 형제, 육촌 형제, 팔촌 형제도 형제라고 칭했다는 것입니다. 오늘날 우리도 교회 공동체나 수도 공동체 안에서 피 한 방울 섞이지 않았지만 서로를 형제요 자매라고 칭하지 않습니까? 그런 언어 관습 안에서 해석하면 충분히 이해가 가는 부분이라고 결론을 내릴 수 있겠습니다.

"복음서 안에서 요셉은 어느 순간 자취를 감추고 맙니다. 성모님은 계속 등장하시는데 요셉의 존재는 보이지 않습니다. 요셉은 언제 돌아가셨나요?"

성모님께서 요셉과 사별한 때가 언제인지는 정확히 알

수 없습니다. 그러나 요셉은 열두 살 소년 예수님과 마리아와 함께 예루살렘 성지를 순례한 이후, 복음서 안에서 종적을 감춥니다. 예수님 공생활 직전에 카나의 혼인 잔치에서도 요셉은 등장하지 않습니다. 그때는 이미 요셉이 세상을 떠난 때로 여겨집니다. 당시 유다인들의 평균 수명은 그리 길지 않았습니다. 남성은 길어야 50세, 여성은 40세 정도였습니다. 요셉은 예수님께서 공생활을 시작하시기 직전 세상을 떠난 것으로 여겨집니다. 평균 수명인 50세 정도에 임종했을 것으로 추정됩니다. 성가정의 든든한 기둥이던 요셉의 임종은 성모님과 예수님에게 큰 충격이요 슬픔이었을 것입니다. 평생 침묵과 기도와 노동으로 일관한 의로운 요셉의 빈자리가 오랫동안 계속되었을 것입니다. 그리고 자연스레 그 빈자리는 청년 예수님께서 채워 나가셨을 것입니다.

어느 정도 세월이 흐른 후 또 한 번 성모님과 예수님 인생에 중요한 순간이 다가왔습니다. 바로 예수님의 출가와 공생활의 시작입니다. 성모님 연세가 마흔을 넘고 인생의 말년으로 접어들던 어느 날이었습니다. 예수님의 나이 역시 꽉 찬 서른이었습니다. 예수님 입장에서 마음이 쓰리고 짠했지만 성모님을 남겨 두고 떠날 날이 온 것입니다. 성모님 입장에서는 무척이나 서운하고 쓸쓸하기도 했을 것입니다. 그리고 출가 이후 즉시 성모님께 들려온 소문은 그리 유쾌하지 않은 것이었습니다. 물론 예수님께서 가시는 곳마다 엄청난 군중이 몰려들고 놀라운 기적과 치유 활동이 이어졌으며, 순식간에 전 국민적 유명 인사가 되었습니다. 성모님은 당신 아들이 대견스럽기도 했지만 다른 한편으로는 걱정도 컸을 것입니다. 그 당시 이스라엘 전역에는 급진적 유랑 설교가들이 많았는데, 불안한 눈으로 바라보던 당국에서는 즉시 그들을 체포하고 처형하는 일이 빈번했기 때문입니다. 그러나 가브리엘 천사의 예언이 있기도 했고, 성모님은 아들 예수님의 사목 활동에 심정적으로 함께했고, 마음과 기도로 격려하고 있었습니다.

그러나 하루는 너무나 걱정스러운 소식이 성모님의 마음을 철렁 내려앉게 만들었습니다. 친척들이 성모님께 와서 아들 예수가 미쳤다고, 당장 데려와야 한다고, 그렇지 않으면 생사를 보장할 수 없다는 소식을 전해 준 것입니다. 소식을 전해 들은 성모님께서는 뜬눈으로 밤을 꼬박 지새우신 다음, 서둘러 예수님께서 머무시는 곳으로 달려가셨습니다. 그 모습을 본 제자 한 명이 예수님께 '아무리 바쁘셔도, 어머니가 오셨다는데, 한 번 나가 보셔야 되지 않겠습니까?'라고 여쭈었습니다. 둘러 서 있던 사람들은 다들 예수님께서 '그래요? 어머니가 나 때문에 걱정되셔서 그 먼 길을 오셨군요. 나가 보겠습니다.'라고 말씀하실 줄 알았습니다. 그 순간 제가 예수님이라면 어떻게 처신했을까? 생각해 봅니다. 어머니가 걱정이 되어 먼 길 오셨다니, 만사 제쳐놓고 뛰어나갔을 것입니다. 그리고 걱정 가득한 어머니를 좀 위로해 드렸겠지요. "아이고 어머니, 제가 걱정이 되서 이 먼 길을 오셨네요. 너무 걱정하지 않으셔도 돼요. 제가 알아서 잘할게요! 점심 식사는 하셨어요? 아직 안 하셨다고요?"라고 말씀드렸을 것입니다. 지갑에서 10만 원을 꺼내 드리면서 "어머니! 죄송하지만 제가 지금 좀 바빠서요. 이걸로 맛있는 점심 사 드시고 조심히 집으로 가세요. 조만간 한 번 집에 들를게요."

그러나 정작 예수님의 말씀은 꽤나 의외였습니다. 뭐라고 말씀하십니까? "누가 내 어머니고 누가 내 형제들이냐? 하늘에 계신 내 아버지의 뜻을 실행하는 사람이 내 형제요 누이요 어머니다."(마태 12,48-50) 예수님의 말씀에 큰 충격을 받으셨을 성모님의 마음을 헤아려 봅니다. 얼마나 속상하셨을까요? 성모님의 생애는 평생토록 늘 이런 식이었습니다. 아들 예수님은 언제나 신비스럽고 연구 대상이었습니다. 그가 던지는 말 한마디 한마디는 날카로운 비수, 혹은 알쏭달쏭한 수수께끼 같았습니다. 늘 씹고 또 곱씹고, 묵상하고 또 묵상해야 했습니다. 비수 같은 예수님의 말씀을 전해 들은 성모님은 씁쓸하고도 허전한 마음으로 발걸음을 돌리셨습니다. 귓갓길에 성모님은 아드님이 던지신 도무지 이해할 수 없던 말씀을 화두 삼아 또다시 깊은 묵상 기도를 시작하셨을 것입니다. 이런 기나긴 영적 여정을 거친 끝에, 드디어 성모님은 아들 예수님의 신원과 사명, 그분이 던지시는 말씀에 대해 이해의 지평을 넓혀가기 시작했습니다. 성모님은 그렇게 매일 상처받으면서, 또 고통당하면서 기도하고 묵상하면서 자신의 신앙을 성장시켜 나가셨던 것입니다. 그래서 결국 나자렛 처녀 시절 지니셨던 겨자씨만 한 성모님의 신앙은 후에 그 어떤 고난과 시련에도 흔들리지 않는 큰 신앙으로 성장하게 된 것입니다. 이렇게 성모님에게 아들 예수님은 연구 대상이었고 성찰과 기도의 대상이었습니다.

"누가 내 어머니고 누가 내 형제들이냐? 하늘에 계신 내 아버지의 뜻을 실행하는 사람이 내 형제요 누이요 어머니다."(마태 12,48-50) 사실 이 단락에서 복음사가들은 하느님 백성의 의미를 새롭게 재해석합니다. 새로운 이스라엘은 혈육을 뛰어넘어 예수님을 메시아로 고백하는 그 누구나 서로에게 형제요 자매이며 어머니가 되어 한 가족을 이루게 될 것임을 선포합니다. 예수님께서 강조하시는 새로운 가족은 예수님을 중심으로 그분 주변에 둘러앉아 그분의 말씀을 경청하는 사람들, 그분의 뜻을 행하는 사람들로 이루어진 영적 가족인 것입니다. 예수님께서는 혈연으로 맺어진 육적 가족을 경멸하거나 무시하시는 의미로 이런 말씀을 하신 것이 절대 아닙니다. 보다 온전히 하느님께 속하기 위한 새로운 영적 가족을 강조하시는 것입니다.

성모님께서는 예수님의 이해하지 못할 발언 앞에 그저 침묵하셨습니다. 때로 억울한 마음이 드셨겠지만, 즉시 마음을 바꾸고 이렇게 생각하셨을 것입니다. '하느님 아버지, 지금 제 아들 예수가 하는 말을 도통 이해할 수가 없습니다. 아직 제 믿음이 깊지 않아서 그렇겠죠? 제가 좀 더 노력해 보겠습니다. 지금은 비록 이해하지 못하지만 저를 좀 더 비우고, 좀 더 내려서고, 좀 더 노력하다 보면 아들의 말을 이해할 날이 있겠지요? 그날이 오기까지 인내하고 기도하겠습니다.' 성모님은 아들 예수님의 이해하지 못할 언행 앞에서 평생토록 침묵하고 또 침묵했습니다. 오늘 비록 이해하지 못하지만, 하느님 아버지께서 밝혀 주실 그날까지 인내하고 또 인내했습니다. 결국 성모님에게 아들 예수님은 언제나 연구 대상이었고 성찰과 기도의 대상이었습니다. 그런 과정 안에서 성모님의 신앙은 성장에 성장을 거듭했습니다. 그 결과 성모님은 온 세상 신앙인들의 모범이요 이정표가 되신 것입니다. 자신과 공동체와 세상에 대해 숙고하고 성찰하지 않을 때 변화나 성장은 기대할 수 없습니다. 성찰하고 숙고하지 않는 삶은 얼마나 비참하고, 비인간적이고 동물적 삶인지 모릅니다.

이런 면에서 성모님의 생애는 성장을 위한 숙고와 성찰의 한평생이었습니다. 성모님은 틈만 나면 곰곰이 생각하셨습니다. 마음에 간직하셨습니다. 자신을 돌아보셨습니다. 진지하게 기도하셨습니다. 그 결과 엄청난 영적 신앙적 성장과 깨달음을 이루셨습니다. 그리고 마침내 아주 중요한 깨달음에 도달하셨습니다. 성모님께서는 무릎을 탁 치시며 이렇게 외치셨을 것입니다. "맞습니다. 예수님은 제가 낳은 아들, 제가 양육한 아들이지만, 언제까지 제 치마폭에 가둬 놓아서는 안 될 아들입니다. 아쉽고 안타깝지만 보다 큰 바다로 떠나보내 드려야 할 아들, 인류 전체의 아들이 분명합니다. 예수님은 제가 교육시킨 아들이지만, 동시에 저를 가르치는 스승이요, 저를 성장시키는 주님이시기도 합니다!" 네! 이런 모습, 이런 숙고와 성찰과 기도의 여정이 바로 성모님의 한평생이었습니다. 마리아가 위대한 것은 그녀의 신앙이 멈추지 않고 끊임없이 성장해 나갔다는 것입니다.

"성모님의 말년이 궁금합니다. 아들 예수님께서 승천하신 후 성모님께서는 어떻게 사셨는지요? 사도들과 함께 활동하셨는지요? 아니면 조용히 사셨는지요? 얼마나 사셨는지요?"

요한 19,25-27에 다음 기사가 소개되고 있습니다. "예수님의 십자가 곁에는 그분의 어머니와 이모, 클로파스의 아내 마리아와 마리아 막달레나가 서 있었다. 예수님께서는 당신의 어머니와 그 곁에 선 사랑하시는 제자를 보시고 어머니에게 말씀하셨다. '여인이시여, 이 사람이 어머니의 아들입니다.' 이어서 그 제자에게 '이분이 네 어머니시다.' 하고 말씀하셨다. 그때부터 그 제자가 그분을 자기 집에 모셨다." 예수님께서 승천하신 후 성모님께서는 사도 요한의 집에서 사셨을 것입니다. 그곳에서 성모님은 사도들과 제자들의 복음 선포 활동에 깊은 관심을 보이시며 기도로 동반하셨을 것입니다. 제자들이 예수님의 행적과 가르침에 대한 대화를 나눌 때 자리에 함께하셨을 것입니다. 그분을 낳고 30년 세월을 함께 산 성모님이셨습니다. 그 누구보다도 예수님에 대해서 잘 알고 계셨습니다. 그래서 제자들에게 많은 가르침을 주실 수 있었을 것입니다. 당시로서는 노년에 접어든 성모님이셨기에 사도들과 함께 적극적인 사목 활동에 참여하지는 못하셨겠지만, 존재 자체로 사도들의 어머니요 영적 지도자로서 기도와 모범으로 동반하셨을 것입니다.

　　최근 성모님 무덤의 소재지가 관심거리로 떠오르고 있습니다. 예루살렘과 에페소가 팽팽히 맞서고 있습니다. 예루살렘 유적지 가운데는 성모님의 무덤이자 승천하신 장소로 알려진 곳이 있습니다. 다른 한편 에페소에는 '파이아나 카풀루'Payana Kapulu, 번역하면 "가장 축복받은 집"이 있는데, 이곳이 바로 성모님이 요한과 함께 사시다가 승천하신 장소라고 주장합니다.

역대 교황 가운데 비오 12세 교황(1876-1958)은 성모 공경에서 둘째가라면 서러워할 정도여서 사람들은 그를 일컬어 성모님의 교황이라고 칭했습니다. 1950년 11월 1일 비오 12세 교황은 성모 승천 교리 선포를 위한 교황령에서 성모님의 죽음과 승천에 대해서 이렇게 선언했습니다. "평생 동정이신 마리아, 원죄 없으신 하느님의 모친은 지상 생애를 마치신 후 영혼과 육신이 함께 천상 영광에로 올림을 받으셨다."

교회의 가르침에 따르면 성모님은 신화적 인물이 아니라, 개인적인 역사를 지닌 여인이셨습니다. 가브리엘 천사를 통해 전해진 '수태 고지'란 엄청난 초대 앞에 마리아는 너무나 두려운 나머지 온몸으로 떨었을 것입니다. 요셉과 꿈꾸던 단란한 신혼 생활을 접어야 하는 데서 오는 서운함에 눈물도 흘렸을 것입니다. 나자렛의 한 처녀가 나름 계획하던 인생에 대한 소박한 기대와 희망이 순식간에 사라진 것에 대한 아쉬움도 컸을 것입니다. 이런 면에서 마리아의 '피앗'Fiat에서 시작해, 영광스러운 승천을 통한 하느님의 어머니가 되기까지의 여정은 고달프고도 험난했을 것입니다. 소년 예수님을 양육하는 과정에서 목격한 정말이지 이해하기 힘들던 수없는 사건들 앞에서 성모님께서 느끼셨을 난감함과 당혹스러움은 참으로 큰 것이었습니다. 때로 비수처럼 느껴지던 아들 예수님의 말씀 앞에 인간적인 상처도 많이 받으셨을 것입니다.

예수님과 함께 시작한 성모님의 신앙 여정은 약간의 힌트나 사업 계획서, 로드맵 같은 것이 전혀 없었습니다. 언제, 무엇이, 어떻게 전개될지 명백하지 않았습니다. 단 한 치 앞도 내다볼 수 없는 안개 속을 걷는 불확실한 여정이었습니다. 그러나 성모님은 엄청난 도전 앞에 뒷걸음질 치지 않았습니다. 불확실한 초대였지만 물러서지도 않았습니다. 회피하고 외면하지도 않았습니다. 두렵고 떨리는 마음이었지만, 기도하면서 희망하면서 당당히 마주했습니다.

"그래 지금은 내가 부족해서 뭐가 뭔지 잘 모르겠지만, 모든 것이 희미하지만, 주님께서 언젠가 내 눈을 밝혀 주실 것이다. 그때가 되면 모든 것을 알게 되겠지." 그렇게 성모님은 오로지 주님께 의지하고 신뢰하면서, 하루하루 살얼음판 같은 여행길을 걸어가셨던 것입니다.

하느님 아버지께서는 평생에 걸친 철저한 순명으로 당신의 뜻을 너그럽게 수용하시며, 당신의 인류 구원 계획에 충실하게 협조한 마리아를 '천주의 어머니'요 '교회의 어머니' '인류의 어머니'로 높이 들어 올리셨습니다.

많은 분들이 성모 신심과 관련해 우려하는 측면이 있습니다. 우리가 너무 성모님, 성모님! 하고 외치다 보면, 참하느님이시요 구원자이신 예수님의 위치를 손상시키는 것은 아닌가 하는 걱정입니다. 그러나 그런 두려움은 아무런 근거가 없는 것입니다. 성모님 옆에는 언제나 예수님이 계십니다. 성모님을 사랑한다는 것은 곧 예수님을 사랑한다는 것입니다. 성모님은 예수 그리스도를 더 잘 이해할 수 있는 열쇠입니다. 성모님의 신비를 이해하면 할수록 예수님의 신비에 대한 우리의 이해가 깊어질 것입니다. 성모님이 공경을 받으실 때 그것은 아들 예수님께 영광이 됩니다. 성모님이 찬미를 받으실 때 그것은 아들 예수님께 영예가 됩니다. 두 분은 떼려야 뗄 수 없는 불가분의 관계 속에 계십니다. 인류 구원 사업이라는 사명과 운명을 공유하신 분들이기에 그렇습니다.

척박한 산골 나자렛에서 태어나신 마리아께서 평생에 걸친 순명과 기도, 각고의 노력 끝에 영광스럽게도 하느님의 어머니가 되셨습니다. 성모님의 생애는 오늘을 살아가는 우리 각자에게도 큰 희망을 줍니다. 한없이 부족한 우리지만 노력하고 또 노력하면 하느님의 큰 영광에 참여할 수 있다는 것을 오늘 우리는 기억해야겠습니다.

두 번째 이야기

성모의 고통과
예수님의 고통

교회 전례는 성모님의 고통을 기억하는 기념일을 만들었습니다. 9월 15일이 고통의 성모 마리아 기념일입니다. 그런데 바로 그 전날 9월 14일은 성 십자가 현양 축일입니다. 이렇게 우리 교회 전례력은 예수님의 고통과 성모님의 고통을 연결해 놓았습니다. 고통받는 성모님에 대한 신심은 중세 신심 가운데 대표적입니다. 특히 십자가에 높이 달리신 예수님 곁에서 성모님도 함께 수난당하셨다는 믿음, 예수님의 십자가 죽음에 성모님께서도 영신적 죽음으로 동참하였다는 믿음이 자리 잡기 시작했습니다.

그런데 왜 우리 교회는 좋은 것도 아닌데, 고통을 겪으신 예수님과 성모님을 기억하는 기념일까지 제정했을까요? 아마도 그 고통은 평범한 고통과는 질적으로 다른 고통이어서 기념하는 것이 아닐까요? 고통만 기억하는 것이 아니라 수난과 죽음, 그 너머에 기다리고 있는 영광스러운 부활과 영원한 생명을 희망하는 의미에서, 고통을 기억하자는 것이 아닐까요? 곰곰이 생각해 보니 예수님과 성모님께서 겪으셨던 고통은 마치 산고와 같은 고통이었습니다. 출산을 준비 중인 산모는 분만 과정에서 엄청난 고통에 시달리지만, 그 고통은 다른 고통과 차원이 다릅니다. 잠시 후 나를 통해서 새로운 생명이 이 세상에 태어난다는 희망과 설렘과 기쁨을 간직한 고통이기 때문입니다. 따라서 우리는 예수님과 성모님의 고통을 묵상할 때마다 마냥 슬퍼하고 눈물을 흘리는 것만이 능사가 아니라고 생각합니다. 고통 그 너머에 자리한 영광스러운 부활, 영원한 생명을 늘 함께 희망하며 두 분의 고통을 바라볼 필요가 있겠습니다.

"성모 칠고에 대해서 알고 싶습니다."

'성모님의 고통' 하면 즉시 떠오르는 것이 성모 칠고입니다. 성모님께서 겪으신 일곱 가지 고통을 기억하는 신심을 성모 칠고라고 합니다. 성모 칠고 신심은 14세기에 보편화되었습니다. 그 뒤 성모 칠고를 주제로 수많은 묵상과 기도문, 그림과 성상이 제작되었습니다. 그 유명한 피에타상을 기억하실 것입니다. 운명하신 예수님을 안고 계신 성모님상입니다. 피에타상 역시 성모 칠고 신심의 영향으로 제작된 것입니다.

교회 역사 안에서 성모 칠고 신심은 그리스도 신자들의 신심생활에 큰 영향을 끼쳤습니다. 성모 칠고는 복음서에 근거하고 있습니다. 그럼 한번 따져 볼까요? 성모님께서 예수님으로 인해 겪으신 일곱 가지 고통은 어떤 것이 있는지 알아보겠습니다.

1. 시메온의 예언(아들 예수님은 반대받는 표적이 될 것이고, 그로 인해 성모님의 마음은 칼에 꿰찔리는 아픔을 느낄 것이라는 예언)으로 인한 고통(루카 2,34-36)
2. 이집트 피난으로 인한 고통(마태 2,13-21)
3. 예루살렘 순례길에 소년 예수를 잃어버림으로 인한 고통(루카 2,41-50)
4. 예수님께서 매 맞으시고 가시관 쓰심으로 인한 고통(요한 19,17)
5. 예수님께서 십자가에 못 박히심으로 인한 고통(요한 19,18-30)
6. 예수님의 시신을 십자가에서 내림으로 인한 고통(요한 19,39-40)
7. 예수님께서 무덤에 묻히심으로 인한 고통(요한 19,40-42)

먼저 예루살렘 순례길에 소년 예수를 잃어버림으로 인한 성모님의 고통에 대해서 살펴보겠습니다. 복음사가들은 예수님의 유년기와 소년기에 대해 거의 언급하지 않습니다. 딱 한 문장으로 유년기를 소개합니다. "아기는 자라면서 튼튼해지고 지혜가 충만해졌으며, 하느님의 총애를 받았다."(루카 2,40) 그동안 예수님께서는 요셉과 성모님의 보호 아래 별 탈 없이 무럭무럭 성장하셨으며 건강미 넘치는 총명한 소년으로 성장한 것입니다. 그런데 열두 살 되던 해 예수님께서는 루카 복음에 등장합니다. 파스카 축제 기간을 맞아 소년 예수님은 부모님과 함께 예루살렘으로 올라가셨습니다. 그런데 축제 기간이 끝나고 소년 예수님은 부모님 몰래 예루살렘에 남았습니다. 요셉과 성모님은 소년 예수님께서 또래 아이들 사이에 끼어 놀며, 잘 따라오고 있겠지 했습니다. 그렇게 하룻길을 걸었는데, 부모는 그제야 느낌이 안 좋았습니다. 아무리 찾아도 소년 예수님이 없었습니다. 다시금 예루살렘을 향해 방향을 튼 요셉과 성모님은 하루 이틀도 아니고 장장 사흘 동안이나 아들을 찾아 헤매 다녔습니다. 그 사흘이란 시간은 부모에게 정말 지옥 같은 시간이었을 것입니다. 뜬눈으로 밤을 지새웠을 것입니다. 아이가 행방불명되었는데 부모 입장에서 식사를 제대로 할 수 있었겠습니까? 그야말로 노심초사, 안절부절, 전전긍긍하며 아들 예수님을 찾아 예루살렘 곳곳을 샅샅이 다녔겠지요.

다행히 요셉과 성모님은 천신만고 끝에 아들 예수님이 있는 곳을 찾아냈습니다. 예루살렘 성전 안이었습니다. 부모 입장에서 사흘 만에 잃었던 아들을 되찾은 기쁨이 크기도 했지만, 다른 한편으로 화가 머리끝까지 치밀어 올랐을 것입니다. 더 화가 났던 것은 아들 예수님의 모습이었습니다. 너무도 태연했습니다. 식음을 전폐하며 겨우 아들이 있는 곳에 도착했는데, 아들은 자신들을 쳐다보지도 않았습니다. 편안한 얼굴로 율법 교사들과 이런저런 이야기를 계속 나누고 있었습니다.

그런 순간, 저같이 성질 급한 사람은 당장 멱살을 잡아 끌고 나왔을 것입니다. 그도 아니라면 심하게 야단을 쳤을 것입니다. 그러면서 이렇게 말했을 것입니다. "야! 아들, 네가 아무리 메시아라지만, 메시아 이전에 인간이 되어야 하는 거 아냐? 어디 간다면 간다고 말을 하고 가야지! 우리가 삼 일 동안이나 찾아다녔잖아!"

그러나 성모님은 애써 인내하십니다. 마음은 화가 일어 부글거렸겠지만 끝까지 인내하며 이렇게 말씀하십니다. "얘야, 우리에게 왜 이렇게 하였느냐? 네 아버지와 내가 너를 애타게 찾았단다." 그 순간 보통 사람 같았으면 어떻게 나왔을까요? "죄송해요. 엄마, 제가 이분들과 너무 재미있게 이야기를 나누다 보니 깜박했네요. 다시는 안 그럴게요." 그러나 소년 예수님은 아주 특별한 대답을 하십니다. "왜 저를 찾으셨습니까? 저는 제 아버지의 집에 있어야 하는 줄을 모르셨습니까?"

정말 황당한, 그래서 도저히 수용할 수 없는 아들 예수님의 대답 앞에 보여 준 성모님의 태도는 오늘 우리에게 큰 의미를 던져 줍니다. 성모님은 이 기가 막힌 일 앞에서 '어떻게 이럴 수 있냐?'고 통곡하지 않으십니다. '내가 자식을 잘못 가르쳤네.' 하며 후회하지도 않으십니다. 이 사람 저 사람 붙들고 하소연하지도 않으십니다. 그저 성모님은 "이 모든 일을 마음속에 간직하였습니다."

"성모님께서는 아들 예수님으로 인해 받으셨던 예측 불가능한 고통, 서운함, 분노, 이런 감정들을 어떻게 처리하셨을까요? 복음서에 성모님께서 '이 모든 일을 마음속에 간직하였다.'는 표현이 종종 등장하는데, 그 의미를 구체적으로 알고 싶습니다."

성모님께서 아들 예수님의 돌출 발언이나 행동으로 인해 이해하지 못할 일이 발생할 때마다 '이 모든 일을 마음속에 간직하였다.'라고 복음사가들이 표현하고 있습니다. 아마도 이런 의미가 아닐까요? "몹시 화가 나지만 분명 무슨 심오한 뜻이 있을 테니 지금 당장 판단하지 않겠습니다." "내 이해의 폭이 아직 성숙하지 못했으니 더 시간을 두고 고민해 보겠습니다." "언젠가는 이해할 날이 있을 테니 그때까지 더 기도해 보겠습니다."

맛있는 된장찌개가 팔팔 끓어 넘치려고 하면 뚝배기 뚜껑을 살짝 열어 주어야지, 그렇지 않으면 난리가 나는 것은 당연합니다. 우리 안에 끓어오르는 분노도 마찬가지입니다. 분노가 치밀어 오를 때 적절한 순간에 가끔씩 살짝살짝 열어 주어야 합니다. 그렇지 않으면 나중에 제대로 한 번 크게 폭발할 것입니다. 그때는 뒷감당이 안 될 것입니다.

성모님은 아들 예수님과 관련해서 그런 작업에 익숙하셨던 것 같습니다. 끝까지 잘 참아 내셨습니다. 성숙하게 잘 대처하셨습니다. 참으로 지혜로운 어머님이셨습니다. '마음속에 간직했다'는 말은 침묵했다는 말입니다. 인간적으로 해석하지 않고 기도 안에 그 말의 의미가 무엇인지 알아보고자 노력했다는 말입니다. 육적인 눈이 아니라 영적인 눈으로 바라보고자 노력했다는 말입니다. 인간의 생각이 아니라 하느님 사랑의 시선으로 바라보고자 했다는 말입니다.

성모님은 예수님의 어머니가 됨으로 인한 기쁨과 행복도 컸지만, 그에 못지않게 고통과 슬픔, 아쉬움과 섭섭함도 컸습니다. 수시로 겪는 이해하지 못할 일들, 가슴을 후벼 파는 비수 같은 아들 예수님의 말들 앞에 상처도 많이 받으셨습니다. 그때마다 성모님은 고개를 들어 하늘을 바라보셨습니다. 그때마다 성모님은 아기를 잉태하던 순간으로 되돌아가셨습니다. 하느님께서 건네셨던 약속을 수도 없이 되풀이해 기억하며 그 험난한 길을 꿋꿋이 걸어가셨습니다.

성모님과 예수님의 '이해할 수 없는 대화'를 묵상하며 그런 생각이 들었습니다. "주고받는 한마디 말들을 우리 마음 속에 고이 간직하고 묵상 안에 되새김질할 때 그 말들은 모두 기도가 되고 사랑이 됩니다. 그 순간 우리는 이 지상에서 눈을 뜨고도 하느님을 뵙게 될 것입니다."

저도 젊은 사제 시절 성격이 굉장히 급하고 충동적이었습니다. 아이들에게 상처도 많이 줬습니다. 그런데 당시 어떤 녀석들은 해도 해도 너무하기도 했습니다. 그렇게 배려해 주시고, 또 받아 주시고, 각별히 챙겨 주신 담임 선생님이신데, 그 담임 선생님 지갑을 들고 달아났습니다. 그리고 며칠 동안 들어오지 않았습니다. 저는 복수심에 부들부들 떨던 나머지 잠도 자지 않고 잠복근무를 하다가 녀석을 붙잡아 데리고 집으로 오는 길이었습니다. 너무 화가 나서 봉고차를 타고 오면서 한 손으로는 운전대를 잡고 한 손으로 그 녀석 귀도 잡아당기면서 도대체 네가 그러고도 인간이냐? 하면서 엄청 혼을 냈습니다.

    그런데 그날 저녁 잠자리에 들려고 했는데, 너무 미안한 마음이 들었습니다. 도벽이라는 것도 따지고 보면 애정 결핍이 원인인데, '나한테도 관심 좀 줘 봐요. 나도 사랑 좀 해줘요!' 하는 표현이 도벽이고 가출인데, 그것을 못 헤아리고 너무 심하게 야단을 쳤다는 생각에 잠을 못 이뤘습니다. 그래서 그 밤에 아이 방에 찾아가서 솔직하게 용서를 청했습니다. 오늘 낮의 일 정말 미안하다면서 잘못했다고 용서를 청했습니다. 그랬더니 기적 같은 일이 벌어졌습니다. 제가 완전히 저 자신을 낮춰서 용서를 청했는데, 평소 그 아이 태도를 봐서 "그거 봐요. 신부님! 신부님이 잘못했잖아요. 앞으로 잘하라고요!" 그럴 줄 알았는데, 놀랍게도 그 아이가 그러는 것입니다. "신부님, 죄송해요. 저도 안 그러려고 하는데 자꾸 그렇게 돼요. 앞으로 정말 잘할게요."

    제가 자세를 낮추니 아이는 자세를 더 낮춰서 자신도 잘못한 것이 많았다고 용서를 빌었습니다. 그 뒤로 그 아이와 저는 내면을 솔직히 털어놓는 절친이 되었습니다. 아마 성모님도 소년 예수님, 청년 예수님과 한 지붕 아래서 동고동락하시면서 비슷한 체험들을 많이 하셨으리라 확신합니다. 때로 밀당도 하시고, 때로 크게 물러나시고, 정말 막막할 때는 간절히 기도도 하시고, 그렇게 예수님과 더불어 사셨을 것입니다. 지금까지 성모 칠고 중에 세 번째 고통, 예루살렘 순례 길에 소년 예수를 잃어버림으로 인한 고통에 대해 말씀드렸습니다.

지금부터는 성모님의 다섯 번째 고통 '예수님께서 십자가에 못 박히심으로 인한 고통'에 대해서 말씀드리도록 하겠습니다. 십자가형이 집행되던 골고타 언덕의 상황은 차마 눈 뜨고 바라볼 수 없을 정도로 끔찍했습니다. 예수님뿐만 아니라 또 다른 두 명의 사형수들이 흘린 피로 사방이 피비린내로 가득했습니다. 십자가 위에 매달린 사형수들이 극도의 고통으로 인해 내지르는 비명과 신음 소리가 골짜기 전체에 크게 울려 퍼졌습니다.

백인대장의 감독 아래 사형을 집행한 로마 군대 소속 병사들은 총 4명이었습니다. 그들은 사형수들의 목숨이 떨어질 때까지 자리를 지키고 있어야 했습니다. 그들은 마음속으로 사형수들이 빨리 죽기만 학수고대하고 있었겠지요. 그래야 사형 집행에 대한 수고비조로 죄수들이 입고 있던 옷을 일당으로 받아 들고 퇴근할 수 있었으니까요.

이렇게 예수님의 십자가 아래에는 무심한 얼굴로 옷의 분배에만 골몰하고 있던 네 명의 병사들뿐만 아니라, 또 다른 네 명의 여인이 서 있었습니다. 병사들과는 대조적으로 슬픔으로 가득한 네 명의 여인, 그리고 예수님의 애제자가 서 있었습니다. 그 누구보다도 예수님을 사랑했던 이 사람들, 특히 성모님께서는 극심한 내적 고통을 겨우겨우 참아 내며 끝까지 용감하게 십자가 아래 서 있었습니다. 차라리 내가 대신 저 십자가에 매달렸으면 하는 마음으로, 예수님께서 지금 겪고 계시는 고통에 영적으로 긴밀히 참여하며 그렇게 서 있었습니다.

한 가지 놀라운 일이 있습니다. 마지막 단말마의 고통을 겪는 순간, 숨이 떨어져 가는 순간에도 예수님께서는 십자가 아래 서 있는 어머니, 그리고 사랑하는 제자, 남겨질 교회와 양 떼인 우리를 걱정하십니다. 자신이 지금 겪고 있는 고통을 감당하기도 힘겨우실 텐데, 자신에게 휘몰아치는 광풍과도 같은 괴로움에 대해서는 한마디 표현도 하지 않으시고, 그저 자신이 떠난 후 남겨질 사랑하는 사람들을 염려하십니다. "여인이시여, 이 사람이 어머니의 아들입니다. 이분이 네 어머니시다."(요한 19,26-27) 십자가에 매달리신 예수님께서는 마지막 순간 어머니와 사랑하는 제자를 새로운 모자 관계로 연결해 주셨습니다. 남겨질 신앙 공동체를 위해 성모님은 중개자 역할, 즉 교회의 어머니로서 역할을 지속해 나가실 것입니다.

이제부터 성모님은 예수님의 어머니 역할을 넘어서서, 사랑하는 제자의 어머니, 예수님을 따르는 모든 이들의 어머니, 더 나아가 교회 공동체의 어머니로 거듭나게 된 것입니다. 은혜롭게도 모든 그리스도인은 예수님으로 인해 그분의 어머니를 우리의 어머니로 모실 수 있게 되었습니다. 따라서 세상의 모든 그리스도인들은 예수님과 성모님의 존재로 인해 모두 한 형제요 한 자매인 것입니다. 우리 모두 신앙 안에서, 예수님과 그분의 어머니 안에서 새로운 영적 가족으로 재탄생한 것입니다.

혹시 사막 길을 걸어 보신 적이 있습니까? 가까운 곳에서 '제대로 된 사막', '본격적인 사막'을 찾아보기가 쉽지가 않기에 감이 잘 오지 않을 수 있겠습니다. 사막, 말 그대로 황량합니다. 몇 시간, 며칠을 걸어도 마냥 똑같습니다. 끝도 없는 황무지입니다. 광활한 하늘과 땅, 이글거리는 태양, 세차게 불어오는 모래바람…. 우리 인생에도 사막이 있습니다. 때로 어떤 사람은 평생에 걸쳐 사막을 횡단하기도 합니다.

성모님이 그러셨습니다. 천사의 아기 예수 잉태와 관련한 제안을 수락한 그 순간부터 성모님은 평생에 걸친 길고도 지루한 사막 여행을 시작하십니다. 그 사막 길은 물론 구세주 하느님과 함께 걷는 여정이기에 포괄적으로 볼 때 행복한 여행길이었습니다. 그러나 무척이나 고독했습니다. 엄청나게 외로웠습니다. 정말 답답했습니다. 때로 고통만으로 점철된 끝도 없는 가시밭길처럼 여기지기도 했습니다.

사막은 참으로 가혹합니다. 가차 없습니다. 사막은 조금의 방심도, 일말의 타협도, 잠시 샛길로 빠지는 것도 허락하지 않았습니다. 때로 소중하게 여기던 많은 짐들을 과감하게 던져 버릴 것을 요청했습니다. 끝도 없는 자기 비움 작업이 필요했습니다. 특별히 성모님의 사막은 아들 예수님으로 인해 가슴 찢는 듯한 고통과 괴로움, 단절을 필요로 했습니다. 때로 성모님은 뿌리 뽑힌 식물처럼 큰 고통과 갈증을 겪기도 하셨습니다. 그러나 결코 성모님은 한 번 출발한 그 여행길을 중도에서 포기하지 않으셨습니다. 옆길로 새지도 않으셨습니다. '그럼에도 불구하고' 성모님은 끝까지 걸어가셨습니다.

바라보기만 해도 까마득한 암벽 등반에 푹 빠진 사람들이 있습니다. 아무도 찾지 않는 지구의 극단 탐험에 맛들인 사람들도 있습니다. 네다섯 시간 동안 쉬지 않고 달려야 하는 마라톤에 중독된 사람들도 많습니다. 보통 사람들 시각으로는 정말 이해가 되지 않습니다. 왜 사서 '생고생'이냐며 말들도 많습니다. 과정에서 겪어야 할 고통이 이만저만이 아닙니다. 그러나 그분들에게 물어보십시오. 우리가 생각하는 고통이 그들에게는 가슴 설레는 행복한 작업입니다. 충만한 기쁨의 연속입니다. 절대로 고통스럽다고 말하지 않습니다. 그 이유가 뭘까요? 그들이 겪는 고통은 나름대로 의미 있는 고통이기 때문입니다. 아무리 혹독한 고통이라 할지라도 고통에 대한 의미 추구 작업이 완료되고 나면 더 이상 그 고통은 고통이 아닙니다.

고통의 성모님도 마찬가지였습니다. 성모님께서 예수님으로 인해 겪으신 수많은 고통들, 참으로 혹독했습니다. 정녕 견디기 힘든 고통이었습니다. 그러나 고통에 대한 진지한 성찰과 정확한 의미 추구가 이루어진 고통이었기에 한평생 기쁘게 수용할 수 있었습니다. 그 고통이 예수님의 인류 구원 사업에 일조하는 길임을 분명히 파악하셨기에 담담히 받아들일 수 있었습니다.

십자가 밑에 서 계셨던 성모님의 모습을 묵상해 봅니다. 때로 고통당하는 본인보다 그 고통을 옆에서 지켜보는 사람의 고통이 더 크다는 것을 우리는 체험하며 삽니다. 불치병에 걸린 어린 자녀의 고통을 속수무책으로 바라보아야만 하는 부모의 심정은 어떻습니까? 그야말로 가슴이 무너져 내리는 고통입니다. 머릿속이 하얗습니다. 백방으로 뛰어다녀 보지만 방법이 없습니다. 그저 발을 동동 구릅니다. 차라리 내가 대신 저 고통을 당했으면 하는 심정이지요. 십자가 밑에 서 계셨던 성모님 역시 똑같은 체험을 하셨습니다. 십자가 밑에서 견뎌야 했던 성모님의 영적 고통은 십자가 위에서 겪으셨던 예수님의 육체적 고통을 훨씬 능가했을지도 모릅니다. 어떻게 보면 성모님은 예수님의 육체적 죽음에 영성적 죽음으로 동참하셨습니다. 성모님은 아들 예수님과 함께 십자가 위에 똑같이 못 박히신 것입니다.

성모님께서 겪으신 고통의 특징이 한 가지 있습니다. 그분의 고통은 그저 고통으로 끝나지 않았습니다. 고통을 사랑으로 승화하셨습니다. 당신의 고통을 예수님의 부활과 승리의 삶에 참여시키셨습니다.

오늘도 이 세상 곳곳에서는 아무도 알아주지 않는 고통을 홀로 감내하는 사람들이 많습니다. 특히 자식을 먼저 떠나보내고 그 슬픔을 주체하지 못해 한평생 힘겹게 살아가는 사람들이 있습니다. 오늘 성모님은 바로 이런 분들을 한 명 한 명 찾아가실 것입니다. 위로자이신 성모님께서 그들의 아픔을 어루만져 주실 것입니다. 그들의 슬픔을 덜어 주실 것입니다.

지금부터는 예수님의 고통에 대해서 좀 말씀드려 볼까 합니다. 수난 당하시는 예수님의 얼굴을 묘사한 그림 몇 장을 책상 위에 쭉 늘어놓고 그분의 수난 여정을 한 번 묵상해 보았습니다.

보통 십자가 위 예수님의 얼굴을 표현할 때 화가나 작가들은 고통스러운 예수님의 얼굴을 묘사하더군요. 그런데 특별한 그림 한 장이 있었습니다. 온통 피땀으로 얼룩진 얼굴이며, 가시관에 짓눌린 얼굴이었지만, 가만히 바라보니 고통과는 전혀 관계가 없는 얼굴입니다. 고통스럽기보다는 오히려 만족하는 얼굴이었습니다. 희미한 미소를 짓고 계셨습니다.

이 특별한 수난 예수님의 얼굴이 과연 무엇을 의미하는가 생각해 봤습니다. 수난 중에도 미소를 짓고 계시는 예수님의 얼굴은 우리 하느님의 본질을 잘 드러내는 표현이 아닐까요? 이제 내 한 몸 희생해서 하느님 아버지의 뜻을 다 이루었다는 의미의 흡족해하는 얼굴이 아닐까요? 당신이 그토록 염원해 온 대로 당신 한 몸 제물로 바쳐 우리 모두를 구원하게 되었다는 보람에서, 충족감에서 미소 짓고 계시는 것이 아닐까요? 나는 비록 이렇게 고통스럽고, 또 이제 곧 죽겠지만, 대신 너희들은 나 때문에 살겠구나, 내 십자가로 인해 구원받겠구나, 하느님 아버지의 구원 역사가 이제 나로 인해 완료되었구나, 하는 마음에 미소 짓고 계신 것이 아닐까요?

우리 하느님은 바로 이런 분이십니다. 십자가 위에서 돌아가시면서도 우리를 걱정하시는 분, 우리를 격려하시는 분, 우리 마음의 평화를 바라시는 분, 우리의 구원을 원하시는 분, 우리의 행복을 바라시는 그런 분 말입니다.

예수님의 수난, 그 최종 종착지인 골고타 언덕, 거기 세워

진 십자가는 역설적이게도 우리에게 가장 큰 은총의 선물입니다. 십자가형에 처한 예수님께서는 그 끔찍한 상황 가운데서도 사목 활동을 하십니다. 극악무도한 한 인간을 구원으로 초대함을 통해 세상 모든 죄인들에게 희망을 주십니다. 교회는 틈만 나면 예수님의 수난과 죽음을 잘 묘사하는 예수 수난 복음을 깊이 묵상하도록 우리를 초대합니다.

예수님의 지상 생애를 곰곰이 분석해 보니 세 시기로 구분됩니다. 첫 번째는 나자렛의 숨은 생활 기간입니다. 이 시기는 30여 년에 걸친 가장 긴 기간으로, 기다림의 시기, 배움의 시기, 침묵의 시기, 수동의 때였습니다. 이 수동의 시기에 예수님께서는 양부 요셉과 어머니 마리아께 순종하시며 침묵과 기도 속에서 하느님 아버지의 뜻을 찾으셨습니다. 재미있는 성화 한 장을 본 적이 있는데, 거기에는 요셉 성인께서 소년 예수님이 대패질을 잘하고 있는지 매의 눈으로 쳐다보고 계셨습니다. 예수님께서는 그렇게 하루하루 나자렛에서 조용히 사셨습니다.

두 번째는 출가 이후 3년의 공생활 기간입니다. 이 시기는 아주 적극적인 능동적 시기였습니다. 예수님께서는 오랜 침묵을 깨고 구세사의 전면에 등장하십니다. 하느님 아버지께서 부여해주신 힘과 능력, 그간 갈고 닦은 내공에 힘입어 힘차게 복음을 선포하십니다. 정말이지 하루하루 신명나는 나날이었습니다. 직접 선택하신 제자들과 함께 이스라엘 전역을 활발하게 다니시면서 하느님 나라를 선포하십니다. 그야말로 거칠 것이 없었습니다. 당대 내로라하는 학자들과 맞서 토론을 벌이시는데 얼마나 논리 정연하고 말씀에 힘이 있는지 사람들이 다들 감탄을 금치 못했습니다. 말씀 한마디로 오랜 고질병 환자들을 일으켜 세우십니다. 마귀 들린 사람을 해방시키십니다. 죽은 사람조차 생명으로 돌아오게 하십니다. 빵을 많게 하는 기적을 통해 오늘 여기서 구원이 이루어졌음을 선포하십니다.

세 번째로 사흘 동안의 수난과 죽음의 시기입니다. 철저한 수동의 시기요 침묵의 시기입니다. 아쉽게도 짧은 공생활 기간이 끝나고 드디어 아버지께서 정해 주신 수난의 때가 왔습니다. 이 시기에 예수님께서는 언제 그랬냐는 듯이 자신의 태도를 바꾸십니다. 더 이상 적극적이고 능동적인 모습은 찾아볼 수 없습니다. 순순히 적들의 손에 포위되십니다. 무장한 병사들 앞에 스스로 무장 해제를 하십니다. 대사제 앞으로 빌라도 앞으로 헤로데 앞으로 이리저리 힘없이 끌려다니십니다. 이윽고 순순히 기둥에 묶이십니다. 그 끔찍한 채찍질을 고스란히 받으십니다. 십자가를 등에 지우니 그냥 지십니다. 끌려가는 어린양처럼 아무 말 없이 십자가에 못 박히십니다.

수난의 때, 예수님께서 우리에게 보여 주신 모습은 참으로 아이러니합니다. 예수님이 누구셨습니까? 전지전능하신 하느님 아버지의 권능을 고스란히 지니고 계시던 능력의 주님이셨습니다. 말씀 한마디로 한 고을을 완전히 쓸어버릴 수 있는 주님이셨습니다. 생각 한 번으로 골고타 언덕의 판을 완전히 뒤집어 놓을 수 있는 기적의 주님이셨습니다. 그러나 수난의 시기에 예수님은 더 이상 힘이 없습니다. 능력도 없습니다. 철저하게 수동적입니다. 무자비한 폭력 앞에 아무런 대응도 하지 않으시고 그저 무기력한 사형수의 모습으로 최후를 맞이하십니다.

하느님의 구원 사업이 결정적으로 이루어진다는 수난의 시기에 예수님께서는 아무 일도 하지 않으시는데 대체 어찌 된 일일까요? 대체 왜 이러시는 걸까요? 그런데 좀 더 깊이, 곰곰이 생각해 보니 수난의 시기에 예수님께서는 아무 일도 하지 않으신 것이 절대 아니었습니다. 예수님의 생애 안에서 제3단계인 수난의 시기, 비록 외적·육체적 사도직은 멈추셨지만 내적·영적 사도직은 더욱 활발히 이루어지고 있었습니다. 제 개인적으로 예수님의 수난 사건을 묵상하면서 얻은 결론이 한 가지 있습니다. 제3단계 수난의 시기에도 예수님께서는 십자가의 고통 속에서도 공생활 기간 못지않은 정말이지 훌륭한 세 가지 사도직을 이행하셨습니다.

첫 번째로 순명의 사도직입니다. 수난 시기에 예수님께서는 하느님 아버지께 철저하게 순명하시는 순명의 사도직에 최선을 다했습니다. 사실 골고타 언덕 위까지 끌려오신 예수님께서는 마음먹기에 따라 당시 벌어진 판을 순식간에 뒤집어 놓을 수 있는 능력의 소유자였습니다. 그러나 더 큰 하느님 아버지의 뜻에 순명하기 위해 끝까지 자신의 능력을 발휘하지 않았습니다. 극도로 자신을 통제하였습니다. 성금요일 골고타 언덕의 십자가 아래에 둘러선 인간 군상을 위에서 내려다보시던 예수님께서 느끼신 비애는 정말 하늘을 찔렀을 것입니다. 자신들을 구원하러 이 세상에 오셨는데, 박수치고 환호하고 감사해도 모자랄 판에 옷을 벗기고, 침을 뱉고, 놀려 대고, 십자가에 매달고… 배은망덕도 그런 배은망덕이 다시 또 없었습니다.

제가 그 상황에서 예수님 입장이었으면 어떻게 처신했겠는지 묵상해 봅니다. 도저히 그냥 넘어갈 수 없었을 것입니다. 먼저 하느님 아버지께 잠시 양해를 구해야겠지요. "아버지, 저 인간들 하는 짓 좀 보십시오. 어떻게 이럴 수가 있습니까? 아버지! 많이 바쁘시겠지만, 저한테 딱 5분만 시간 주십시오." 그리고 손발에 박힌 못을 빼고 십자가 밑으로 내려올 것입니다. 예수님은 충분히 그럴 능력을 지닌 분이셨습니다. 그리고 뭘 하겠습니까? 시간 관계상 이놈 저놈 다 손볼 수는 없을 것입니다. 아까부터 눈여겨봐 두었던 녀석, 제일 침 많이 뱉고, 제일 조롱을 많이 한 녀석을 찍을 것입니다. "너, 이리 와, 아까부터 보자 보자 하니까 너무하네. 그래 맛 좀 봐라." 하면서 완전히 묵사발을 만들 것입니다. 아니면 성금요일 골고타 언덕의 그 상황을 단칼에 완전히 뒤집어 버렸을 것입니다. 예수님의 능력을 감안했을 때 그 정도야 충분히 하실 수 있었을 것입니다. 그러나 예수님께서는 철저하게도 침묵하십니다. 그 조롱과 그 모욕과 그 고통을 침묵 가운데 묵묵히 참아 내십니다. 철저하게 아버지 뜻에 순명하신 것입니다. 결국 우리 예수님은 순명의 주님이시며, 평화의 주님이십니다. 비폭력의 주님이시며 겸손의 주님이십니다. 끝까지 우리 인간들의 악행을 참아 내시는 인내의 주님이십니다. 우리가 아무리 악해도 또 한 번의 기회를 주시는 자비의 주님이십니다.

두 번째로 예수님께서는 십자가 위에서도 용서의 사도직을 실천하셨습니다. 예수님께서 매달려 계셨던 십자가 주변에 둘러서 있던 사람들 중에는 정말이지 도저히 용서하지 못할 사람들이 있었습니다. 이 땅에 오신 하느님이신 예수님을, 자기들을 구원하러 강생하신 메시아를 몰라본 가련한 사람들입니다. 예수님께서 침묵 속에 그저 가만히 계시니 갖고 놀았습니다. 몇몇 군사들은 예수님을 완전 노리갯감으로 여기고 장난을 쳤습니다. "네가 만왕의 왕이라고? 그렇다면 왕관이 하나 필요하겠군." 하면서 가시나무로 왕관을 만들어 씌웠습니다. 오른손에는 왕의 권위를 상징하는 갈대를 들렸습니다. 예수님 앞에 무릎을 꿇고 "유다인들의 임금님 만세!" 하고 조롱하였습니다. 자기들끼리 엄청 재미있었는지 깔깔 웃어 댔습니다.

그러나 예수님께서는 그런 그들을 바라보시며 분노하신 것이 아니라 하느님 아버지께 그들을 용서해 달라고 청하십니다. "아버지, 저들을 용서해 주십시오. 저들은 자기들이 무슨 일을 하는지 모릅니다."(루카 23,34) 예수님께서는 그 극한 상황에서도 우리 악한 인간들을 용서하신 것입니다. 그 악당들의 악행에 대해서 하느님 아버지께 잘 봐 달라고 청하시는 것입니다. 용서의 사도직을 실천하신 것입니다.

세 번째로 예수님께서는 십자가 위에서도 죄인에게 구원을 선포하는 사도직을 실천하십니다. 우리가 잘 알고 있듯이 성금요일 골고타 언덕에는 예수님 혼자만 십자가형에 처한 것이 아니었습니다. 다른 두 죄수가 함께 십자가형에 처했습니다. 편의상 예수님의 왼쪽에 있던 사람을 좌도, 오른편에 매달려 있던 사람을 우도라고 합니다. 아마도 돌아가시기 5분 전이나 됐을지 모르겠습니다. 왼쪽에 있던 좌도가 엄청 괴로웠나 봅니다. 예수님을 향해 빈정거리며 놀려 대고 모독

합니다. "여보시오, 예수. 당신은 메시아가 아니오? 그렇다면 지금 이렇게 죽을 지경인데 당신도 구하고 우리도 좀 살려 보시오." 그때 오른쪽에 있던 우도가 조금은 나았나 봅니다. 이렇게 좌도를 꾸짖습니다. "야 인마, 조용히 좀 해! 너는 하느님이 두렵지도 않으냐? 우리가 저지른 악행을 봐서 우리는 이런 벌을 받아 마땅하지만 이분은 도대체 무슨 죄가 있단 말이냐?" 그러고 나서 예수님을 향해 고개를 쳐듭니다. 그리고 한 가지 부탁을 드립니다. "예수님, 선생님의 나라에 들어가실 때 저를 기억해 주십시오." 그 순간 예수님께서는 정말 충격적인 말씀을 하십니다. "야, 거기가 어딘데, 네가 들어가겠다는 거야? 네가 지금까지 해를 끼친 사람이 몇 명인데, 등쳐 먹은 돈이 얼마인데, 그런 네가 하느님 나라에 들어가겠다고? 이런 주제 파악도 못하는 놈!" 이렇게 말씀하셨습니까? 절대로 아니었습니다. 예수님은 그 우도에게 이런 약속하십니다. "내가 진실로 너에게 말한다. 너는 오늘 나와 함께 낙원에 있을 것이다." '진실로' 이런 말은 아무 때나 쓰지 않습니다. 99.9% 확실할 때, 거의 확정일 때 사용하는 말이 '정녕', '진실로'입니다. 예수님께서는 우도에게 천국을 확증하신 것입니다. 그런데 그 우도는 누구입니까? 자기 말로 자신을 설명했습니다. 좌도에게 뭐라고 말했습니까? "야 인마, 조용히 해! 너는 하느님이 두렵지도 않으냐? 우리가 저지른 악행을 봐서 우리는 이런 벌을 받아 마땅하지만 이분은 도대체 무슨 죄가 있단 말이냐?" 우도는 지금까지 살면서 죄만 짓고 살아왔습니다. 극악무도한 짓을 서슴없이 자행해 왔습니다. 그래서 재판에 따라 가장 무거운 형인 사형, 사형 가운데서도 십자가형에 처한 것입니다. 그런데 그런 우도가 죽기 5분 전에 회개를 했습니다. 예수님께서는 이런 우도에게 천국을 약속하십니다.

사람들은 우도의 구원 가능성을 0%로 봤는데, 예수님께서는 100%로 보셨습니다. 이 '우도 직천당 사건'은 하느님의 자비가 얼마나 크신지를 명확하게 설명하고 있습니다. 우리는 우리의 죄로 인해, 과오로 인해, 악습으로 인해 괴로워할 때마다 이 우도 사건을 통해 드러난 하느님의 자비를 기억해야 합니다. 우리도 우도처럼 늦었지만 지난 삶을 뉘우치면서, 예수님을 구세주로 고백하면서 그분께 간절히 청하면서 삶을 살아갈 때 언젠가 예수님께서 우리에게도 이렇게 말씀하실 것입니다. "오늘 네가 정녕 나와 함께 낙원에 들어갈 것이다." 이렇게 예수님께서는 십자가 위에서도 순명의 사도직, 용서의 사도직, 죄인에게 구원을 선포하는 사도직, 세 가지 사도직을 행하셨습니다.

이렇게 오늘 우리는 예수님의 고통과 성모님의 고통에 대해서 알아봤습니다. 우리 가톨릭에서는 고통을 절대로 나쁘게 보지 않습니다. 성당에 오면 고통을 말끔히 없애 준다고 외치지도 않습니다. 대신 고통에 가치와 의미를 부여합니다. 고통을 겪는 우리에게 더 큰 고통을 겪고 계시는 예수님과 성모님을 바라보게 합니다. 위로받게 하고 힘을 얻게 합니다.

오늘 우리의 작은 고통에 반드시 의미가 있음을 기억합시다. 고통이 다가올 때마다 즉시 예수님 그리고 성모님을 바라봅시다. 고통을 잘 견뎌 내고 이겨 낼 때 그 너머에서 우리를 기다리고 있는 부활의 영광을 끝까지 희망하며 살아갑시다.

세 번째 이야기

교회의 어머니이신 성모님

'교회의 어머니이신 성모님'에 대해서 말씀드리기 전에 '교회'에 대해서 말씀드리고 시작하면 좋겠다는 생각을 했는데, 마침 한 분이 좋은 질문을 주셨습니다.

"요즘 개인적으로 교회란 무엇인가? 하는 질문을 스스로에게 자주 합니다. 교회의 개념, 본질, 정의를 좀 해 주시면 좋겠습니다. 교회는 건물이나 장소도 되겠지만, 그보다 더 깊은 의미가 있으리라 여겨지는데, 어떻게 생각하십니까?"

물론 일차적인 의미로 하느님 백성인 양 떼들이 정기적으로 모이고, 미사나 성사, 각종 전례가 그 안에서 이루어지는 건물로서의 성전, 본당이 가장 기본적인 의미의 교회가 맞습니다. 그런데 예수님께서 이 땅에 오셔서 종래 협소한 의미의 성전 개념을 대폭 확장하셨습니다.

여러분도 장사꾼들과 환전상들이 판을 치는 예루살렘 성전을 뒤엎으시고, 성전을 정화하는 복음 장면이 떠오를 것입니다. 완전히 뒤엎으시고 나서 하신 예수님 말씀이 무엇인지, 혹시 기억나시나요? "내 아버지의 집을 장사하는 집으로 만들지 마라. 이 성전을 허물어라. 그러면 내가 사흘 안에 다시 세우겠다."(요한 2,16.19) 눈에 보이는 지상 성전도 중요하지만, 눈에 보이지 않는 영원한 성전은 더욱 중요함을 강조하셨습니다. 그래서 내 안에, 우리 가정 공동체 안에, 지상 교회 안에 보다 견고하고 영원한 성전, 아무리 세월이 흘러도 무너지지 않은 진정한 성전을 건립하는 일이 더욱 중요함을 강조하셨습니다.

예수님과 함께 이제 새로운 의미의 성전 개념이 시작되었습니다. 예수님 그분 자체가 새로운 성전이십니다. 그리고 예수님을 잉태하고 낳으셨으며 그분의 말씀을 마음 깊이 간직하신 성모님께서도 새로운 성전이십니다. 뿐만 아니라 예수님을 메시아로 고백하는 그리스도인 자체가 새로운 성전입니다. 또한 예수님께서 제정하신 성체성사에 지극정성으로 참여하고, 성체성사에 내포된 희생과 나눔, 섬김과 봉사의 영성을 살기 위해 노력하는 그리스도인 한 사람 한 사람이 또한 교회입니다.

그러한 본래 의미의 정신이 사라진 자리에 형식적인 예배만 반복되고, 주님께서 싫어하시는 상행위가 난무한다면 아무리 그럴듯한 성전이라 할지라도 그곳은 더 이상 교회가 아닙니다. 무늬만 교회요 사이비 교회입니다.

프란치스코 교황님의 가르침을 요약해 보니 교회의 존재 이유는 다음과 같습니다. 지상의 나그네를 환대하는 집! 목말라하는 나그네에게 시원한 물 한 잔과 쉼터를 제공하는 휴게소! 세상과의 전투에서 상처 입은 부상병들을 기꺼이 맞아들이는 야전 병원이나 응급실! 사회적 약자들과 날개가 부러진 사람들과 기가 꺾인 사람들이 원 없이 에너지를 충전할 수 있는 기쁨과 희망의 에너지 충전소!

이런 면에서 한 인물이 떠오릅니다. 이 세상 누구보다 하느님 말씀에 충실했고, 그분 말씀을 늘 마음 깊이 간직했고, 그분의 초대 앞에 적극적으로 응답하고 순명하신 분이십니다. 누구십니까? 바로 나자렛의 마리아입니다. 그분의 인생 전체는 훌륭한 교회의 모델입니다. 이런 면에서 마리아는 교회의 일원인 동시에 교회의 모델, 어머니가 되십니다.

또 복음서에서 이런 구절이 있습니다. "두 사람이나 세 사람이라도 내 이름으로 모인 곳에는 나도 함께 있다."(마태 18,20) 주님의 이름으로 모인 백성들의 모임이 곧 교회임을 말씀하십니다. 그런데 둘이나 셋이 모인 곳에서 뭘 하느냐가 중요합니다. 모이긴 모였는데, 하루 온종일 주변 사람들 뒷담화만 계속한다면 교회가 아닙니다! 함께 모여 성경을 읽고 생활 나눔을 한다! 훌륭한 교회입니다. 함께 모여 공동선을 위해 봉사할 일을 찾는다! 멋진 교회입니다. 구성원 가운데 한 분이 자식을 잃고 깊은 슬픔에 잠겨 있는데, 함께 모여 같이 위로하고 기도한다! 아주 좋은 교회입니다. 결국 교회는 '지상 순례 여정 중인 하느님 백성들의 모임'입니다. 더 쉽게 말씀드리면 하느님의 뜻에 따라 살아가는 그리스도 신앙인 여러분 한 명 한 명이 교회입니다.

교회와 관련한 아를르의 성 체사리우스 주교의 말이 참으로 감동적입니다. 그분도 교우 여러분 한 분 한 분을 살아 있는 성전이라고 강조하셨습니다. "사랑하는 형제 여러분, 우리의 악한 행실로 하느님의 살아 있는 우리의 이 성전, 우리 각자의 영혼과 육신을 파괴하지 말아야 합니다. 성전의 청결을 보존하고 싶습니까? 여러분의 영혼을 죄의 오물로 더럽히지 마십시오. 여러분의 성전이 광채로 빛나는 것을 보고 싶습니까? 그렇다면 하느님께서도 여러분 영혼에 암흑이 끼는 것을 원치 않으신다는 것을 기억하십시오. 여러분이 대성전에 들어가는 것과 같이 하느님께서는 여러분의 영혼에 들어가고 싶어 하십니다."

"성모님을 교회의 어머니라고 하는데, 성경의 근거는 어디서 찾아볼 수 있나요?"

아주 뚜렷하게 명시적으로 성모님이 교회의 어머니라고 성경은 이야기하지 않습니다. 또한 복음서에는 성모님 관련 기사들이 지극히 제한적입니다. 그나마 요한 복음서에서 우리는 성모님과 교회의 연결을 시도한 흔적을 찾아볼 수 있습니다. 예를 들면 골고타 언덕 예수님의 십자가 아래에서 벌어진 일입니다. 요한 19,26-27에 나옵니다. 거기에는 주님께서 사랑하시는 제자인 요한 사도와 성모님께서 십자가 가장 가까이에 서 계셨습니다. 숨을 거두시기 직전에 예수님께서는 성모님께 이렇게 말씀하십니다. "여인이시여, 이 사람이 어머니의 아들입니다." 이어서 요한 사도에도 똑같이 말씀하십니다. "이분이 네 어머니시다." 그 뒤로 요한 사도는 성모님을 자기 집에 모셨다고 기록되어 있습니다. 주님께서 사랑하시는 제자라고 표현되는 사도 요한은 사실 사도단의 대표, 교회 공동체의 대표 자격으로 예수님의 십자가 아래 서 계셨습니다. 그런데 예수님께서는 그 요한 사도에게 어머니를 부탁하면서 '이분이 네 어머니시다.'라고 말씀하셨습니다. 예수님께서는 교회 공동체에 성모님을 어머니로 선물하신 것입니다. 뿐만 아니라 예수님께서는 성모님에게 요한 사도를 비롯한 제자 공동체, 교회 공동체의 어머니가 되어 달라고 부탁드린 것입니다. 이렇게 십자가 아래서 교회의 어머니가 되셨습니다. 참으로 자상하신 예수님이 아닐 수 없습니다. 돌아가시면서까지 어머니와 요한 사도 사이를 새로운 모자 관계로 연결해 주셨습니다. 극심한 고통 속에서도 남겨질 사람들을 위해 당신께서 하실 수 있는 최선의 일을 하시는 예수님의 모습이 참으로 눈물겹고 은혜롭습니다. 그동안 성모님께서는 구세주 예수님의 어머니 역할을 수행해 오셨는데, 골고타 언덕 십자가 아래서 이제 제자단의 어머니, 예수님을 추종하는 모든 이들의 어머니, 교회의 어머니로서 새로운 역할을 부여받으신 것입니다. 예수님의 어머니에서 교회의 어머니로 변화되는 은총을 입으신 것입니다.

"성모님께서 교회의 어머니라는 것을 유추해 볼 수 있는 또 한 대목 성경 구절을 한 번 찾아볼까요?"

예수님께서 카나 혼인 잔치에서 물을 포도주로 변화시키는 기적을 행하신 사건을 통해서 우리는 또 한 번 성모님께서 교회의 어머니라는 것을 확인할 수 있습니다. 카나 혼인 잔치의 주인과 참석한 하객들은 교회 공동체 구성원들이라고 할 수 있습니다. 그런데 그들이 큰 곤경에 빠졌습니다. 혼인 잔치의 꽃이라고 할 수 있는 포도주가 떨어졌습니다. 성모님께서는 혼인 잔치의 하객 즉 교회 공동체의 일원으로서 공동체의 난감함을 나 몰라라 하지 않으십니다. 그리고 즉시 아들 예수님께 해결해 달라고 간청하십니다. 교회의 어머니이자 일원으로서의 모습을 잘 확인할 수 있습니다.

카나 혼인 잔치는 오늘 우리 각자, 우리 교회를 향한 성모님의 자세, 태도, 마음을 잘 살펴볼 수 있는 중요한 대목이기에 조금 더 말씀드리겠습니다. 예수님께서 본격적인 공생활을 시작하시기 전에 발생한 일이었습니다. 예수님과 성모님께서 나자렛에서 북동쪽으로 6킬로 정도 떨어진 카나라는 지역의 혼인 잔치에 참석하셨습니다. 그런데 누군가가 정말 난감해하고 있습니다. 누굽니까? 혼인 잔치의 혼주, 다시 말해 신랑과 신랑의 부모가 어찌할 바를 모르고 있었습니다. 이유는? 일주일 동안 계속된 잔치에 포도주가 떨어진 것입니다. 언젠가 동료 신부가 이런 우스갯소리를 해서 한참 웃었습니다. "세상에서 가장 힘든 일 중에 하나가 소주 없이 회를 먹는 것입니다. 막걸리 없이 홍어를 먹는 것입니다. 포도주 없이 스테이크 자르는 것입니다." 유다 결혼 축제 문화 안에서도 마찬가지였습니다. 혼인 잔치의 꽃은 포도주라고 볼 수 있습니다.

기름지고 다양한 혼인 잔치 음식은 산더미처럼 준비되어

있는데, 포도주가 떨어졌다는 것은 완전 김샜다는 말입니다. 혼인 잔치는 끝나 버린 것입니다. 혼주로서, 신랑으로서 이보다 더 큰 결례는 없습니다. 즉시 분위기를 파악하신 성모님의 측은지심이 발동하기 시작합니다. 혼주가 처한 딱한 상황을 도저히 나 몰라라 할 수 없었습니다. 그런데 문제가 한 가지 있었습니다. 예수님께서는 아직 본격적인 공생활을 시작하지 않으셨습니다. 아직 예수님께서 전면에 나서면 안 되었습니다. 아직은 때가 아니라서 조용히 지내셔야 했습니다. 그런데도 혼주 처지가 하도 딱하다 보니 성모님께서 그냥 한 번 내질러 버리셨습니다. 사고 한 번 치신 것입니다. 예수님께 뭐라고 말씀하셨습니까? 많은 말씀도 하지 않으십니다. 딱 한마디. "포도주가 없구나!"

당시 예수님 입장에서 아직 때가 되지 않았는데도 어머님께서 기적을 하라고 몰아붙이시니, 살짝 기분이 상하셨을 것입니다. 그래서 한마디 던지십니다. 예수님의 말투는 분위기를 긴장 구도로 몰고 갑니다. 당시 예수님께서 성모님께 뭐라고 말씀하셨습니까? "여인이시여, 저에게 무엇을 바라십니까? 아직 저의 때가 오지 않았습니다."(요한 2,4) 예수님께서 좀 생뚱맞게도 어머니라고 하지 않으시고 여인이라는 호칭을 쓰십니다. 이는 예수님께서 완곡하게 기적을 거절한다는 의사를 드러내신 것입니다. 그런데도 성모님께서는 물러나지 않으십니다. 혼주의 딱한 사정을 보면서 다시 밀어붙이십니다. 지혜로운 성모님이셨기에 이번에는 예수님께 말씀하지 않으시고 일꾼들에게 이렇게 말씀하셨습니다. "무엇이든지 그가 시키는 대로 하여라." 막무가내 성모님 앞에 예수님께서도 어쩔 수 없이 슬그머니 꼬리를 내리십니다. 예수님께서 일꾼들에게 물독에 물을 채우라고 하셨습니다. 그리고 물을 포도주로 바꾸는 기적을 행하셨습니다. 여기서 우리는 성모님의 놀라운 힘을 확인할 수 있습니다. 아직 예수님의 때가 오지 않았음에도 우리와 교회 공동체를 향한 측은지심 때문에 그냥 밀어붙이십니다. 우리 인간과 교회 공동체를 향한 연민의 마음 때문에 하느님의 인류 구원을 위한 시곗바늘까지 앞당기셨습니다. 참으로 대단한 성모님이십니다. 오늘도 성모님께서는 우리 인간과 교회 공동체를 향한 큰 측은지심으로 우리의 고통과 결핍과 상처와 눈물을 바라보십니다. 성모님은 다름 아닌 교회의 어머니시기 때문입니다.

"2018년 프란치스코 교황님은 성령 강림 대축일 다음 월요일을 '교회의 어머니 복되신 동정 마리아 기념일'로 제정하셨는데, 전례력을 보면 이미 성모님 관련 대축일이나 축일, 기념일이 엄청 많은데, 교황님이 또 하나의 기념일을 지정해서 교회의 어머니를 기념하는 특별한 이유가 있나요?"

교회 전례력을 살펴보면 성모님 관련 대축일, 축일, 기념일이 엄청납니다. 그만큼 성모님은 성인 성녀들 가운데 가장 탁월하고 으뜸인 분으로, 더 많은 사랑을 드리고 기념하고 기억할 분이라는 것입니다. 축일이나 기념일의 제정은 그 시대 상황을 반영하는 경우가 많습니다. 프란치스코 교황님은 이 시대와 우리 교회가 어머니 성모님의 도움을 더 많이 필요로 하는 시대라는 것을 절감하셨을 것이고, 그래서 '교회의 어머니 복되신 동정 마리아 기념일'을 제정하셨을 것입니다. 교황청 경신성사성이 3월 3일 관련 교령을 발표했는데, 이런 요지의 말씀을 하셨습니다. "교회 안의 사목자들, 수도자들, 신자들 안에서 교회의 모성적 감각을 성장시킬 뿐 아니라, 참된 마리아적 독실함을 성장시키기 위해 이러한 공경을 증진하고 격려하기를 원한다."

"초대 교회는 성모님을 중심으로 이루어졌다고 하는데, 근거를 어디에 두고 있나요?"

사도 1,14에는 예수님께서 승천하신 직후의 제자단의 모습을 소개합니다. "사도들은 모두, 여러 여자와 예수님의 어머니와 그분의 형제들과 함께 한마음으로 기도에 전념하였다." 여기서 성모님께서 교회의 탄생을 보살피고 보호하시면서 다락방의 사도들과 기도하고, 오실 성령을 기다리며, 이미 당신의 사명을 시작하셨다는 것을 알 수 있습니다. 성모님께서 사도단의 중심이라기보다는 사도들과 함께 동고동락하셨습니다. 사도들의 활동을 격려하고 고무하시면서 교회의 어머니 역할을 하셨습니다.

답변이 되셨는지 모르겠습니다. 성모님은 사도들과 초대 교회의 어머니로서 사도들을 격려하고 사도들을 위해 열심히 기도하시며 노년을 보내셨다고 보시면 되겠습니다. 이쯤에서 또 한 대목, 아주 특별한 분위기를 연출하는 성경 구절을 보겠습니다. 루카 11,27-28 말씀입니다.

"예수님께서 이 말씀을 하고 계실 때에 군중 속에서 어떤 여자가 목소리를 높여, '선생님을 배었던 모태와 선생님께 젖을 먹인 가슴은 행복합니다.' 하고 예수님께 말하였다. 그러자 예수님께서 이르셨다. '하느님의 말씀을 듣고 지키는 이들이 오히려 행복하다.'"

이 구절에 대해서 조금 설명하면 이렇습니다. 예수님께서 군중들에게 설교를 하실 때의 일입니다. 다른 율법 학자들이나 유다 지도자들의 고리타분하고 속보이는 설교와는 완전히 비교 대조되는 예수님의 명쾌하고 감동적인 설교에 사람들은 탄복합니다. 그중에서도 한 여인은 예수님의 말씀에 얼마나 매료되었는지 한참 설교를 하고 계시는 중인데도 큰 소리로 이렇게 외칩니다. "선생님을 배었던 모태와 선생님께 젖을 먹인 가슴은 행복합니다." 이 말은 예수님을 칭송하는 말이기도 하지만 이토록 훌륭하신 예수님을 낳고 기르신 성모님을 칭송하는 말입니다. 그런데 어머니 성모님을 향한 여인의 칭송에 대한 예수님의 반응은 꽤나 의외입니다. 저 같았으면 극도의 칭찬 앞에 그랬을 겁니다. "맞습니다. 지당하신 말씀입니다. 제 어머니 정말 훌륭한 분이십니다. 저를 낳고 키우시느라 고생도 많이 하셨습니다. 정말 제가 깊이 감사드리고 있습니다."

그러나 예수님의 반응은 전혀 달랐습니다. "하느님의 말씀을 듣고 지키는 이들이 오히려 행복하다." 어떤 사람들은 이 부분에 대해서 의아해하시며 이런 생각을 하십니다. "예수님도 너무하시네. 누군가 어머니를 칭송하면, '네 그렇습니다. 감사합니다.' 하면 될 텐데, 꼭 저렇게까지 말씀하셔야 되나?"

그런데 이 부분에 대해서 곰곰이 생각해 보니 오히려 반대였습니다. 예수님께서 강조하시는 "하느님의 말씀을 듣고 지키는 이들" 가운데 가장 으뜸가는 분은 누구셨을까요? 바로 성모님이셨습니다. 예수님 시대에 성모님보다 더 맑은 정신과 열린 마음으로 하느님의 말씀을 깊이 새겨듣고 철저하게 준수한 사람들은 없었습니다. 뿐만 아니라 성모님께서는 열 달 동안 '말씀'을 당신 태중에 모셨고, 30년 세월 동안 '말씀' 곁에서 생활하셨습니다. 말씀을 잘 듣는 것뿐만 아니라 말씀 실천에 성모님보다 더 전문가는 없었습니다. 이렇게 성모님께서는 군중들 가운데 한 여인의 칭송과 찬미에 가장 합당할 뿐만 아니라 "하느님의 말씀을 듣고 지키는 이들이 행복하다."는 예수님의 말씀에도 가장 잘 어울리는 분이셨습니다. 따라서 "하느님의 말씀을 듣고 지키는 이들이 행복하다."는 예수님의 말씀은 성모님을 향한 가장 극진한 칭찬의 말씀인 것입니다.

성모님이 위대하신 이유는 예수님을 잉태했고, 열 달 동안 태중에 고이 간직했고, 당신의 몸을 통해 구세주 하느님이 이 세상에 탄생하도록 협조하신 것입니다. 그런데 그게 다가 아닙니다. 동시에 성모님께서는 평생토록 하느님의 말씀을 당신 안에 간직했고, 그 말씀을 묵상했고, 당신의 삶 속에서 실천한 것, 또한 당신 삶 속에서 하느님의 말씀을 잉태하고 꽃피운 것, 그것이 또한 위대하신 이유입니다. 말씀의 전문가이신 성모님, 이보다 더 멋진 교회의 일원이요 모범, 이정표요 어머니가 어디 있겠습니까?

언젠가 가정 안에서 어머니의 역할에 대해서 강의를 한 적이 있습니다. 어머니는 가정 안에서 어떤 존재여야 하는지 질문을 던지며 강의를 풀어 갔던 기억이 납니다. 가정 안에서 어머니의 역할은 정말이지 중차대합니다. '어머니'는 가정의 주인이요, 태양, 여왕이요 중심 같은 존재라고 볼 수 있습니다.

가정에서 어머니의 역할이 막중한 것처럼 하느님의 집인 교회 안에서도 어머니의 역할은 중요합니다. 하느님께서는 교회의 어머니 역할을 할 여인을 선택하셨는데, 그분이 곧 성모님이십니다. 하느님께서는 우리 양 떼, 교회를 위해 성모님을 간택하셔서 협조자, 동반자, 조력자가 되게 하셨으며, 우리를 위한 갖은 수고를 다하게 하셨습니다. 우리를 위한 봉사와 조력의 삶을 살도록 성모님을 이끄셨습니다. 주님의 영광스러운 그날이 오기까지 성모님께서 우리를 지극정성으로 돌보도록 준비하셨습니다.

성모님께서는 하느님과 우리 사이에 '서' 계십니다. 그런데 그냥 서 계시는 것이 아닙니다. 방관자나 감독관으로 서 계시는 것이 아닙니다. 중개자로, 협조자로, 안내자로, 인도자로 그렇게 서 계십니다. 어떻게 하면 부족한 우리의 입을 대신해서 하느님께 잘 말씀드려 줄까? 어떻게 하면 우리의 실수나 잘못을 잘 변호해 줄까? 어떻게 하면 우리를 하느님께 잘 봉헌할 수 있을까? 순간순간 고민하시는 분이 교회의 어머니 성모님이신 것입니다.

"성모님께서 교회의 어머니이심을 가장 명쾌히 밝히고 있는 교회 문헌은 무엇인가요? 그 문헌의 가르침을 짧게 요약해 주십시오."

교회의 어머니라는 주제는 오랜 교회 역사 안에서 숙고되고 발전되어 온 중요한 주제 가운데 하나입니다. 제2차 바티칸 공의회에서 거의 최종적인 결론을 내리게 됩니다. 공의회는 「교회에 관한 교의 헌장」 제8장 전체를 그리스도와 교회의 신비 안에서 마리아에 할애했습니다. 따라서 「교회 헌장」 제8장은 공의회 교부들이 성모님께 봉헌한 선물이라고 볼 수 있습니다.

공의회 교부들은 거룩한 교회의 모습과 성모님의 모습을 긴밀히 연결하며 성모님께서 교회 안에서 가장 큰 위치, 가장 아름다운 위치, 가장 중대한 위치, 가장 탁월한 위치를 차지하고 있음을 강조했습니다. 또한 공의회 교부들은 그간 교회 전통 안에서 성모님께 부여한 칭호들, 즉 새로운 하와, 시온의 딸, 구세주이신 예수님의 어머니, 하느님의 어머니, 신자 생활의 모범, 천상천하의 모후, 평생 동정녀, 변호자, 협조자, 보조자, 중재자, 완덕의 모범 등에 대한 정당성을 재확인해 주었습니다. 교부들은 성모님의 모성이 천상에서도 계속되고 있음을 강조하면서 인류를 위한 전구자로서 성모님의 역할도 재확인하였습니다. 천상의 성모님 모습은 미래 완성될 교회의 모상이기에 성모님께서는 존재 자체로 순례하는 하느님 백성에게 확실한 희망과 위로의 표지가 된다고 강조했습니다.

공의회 교부들은 교회의 모델이신 성모님에 강조점을 두었습니다. "교회는 마리아의 깊은 성덕을 바라보고 그 사랑을 본받으며, 성부의 뜻을 충실히 이행함으로써 스스로도 어머니가 된다." 교회의 모델이신 성모님임에도, 그분은 또한 겸손하게 교회의 한 지체, 일부로 남으십니다. 공의회 표현에 따르면 성모님은 "교회의 가장 뛰어나고 가장 독특한 지체이십니다." 사실 성모님은 우리와 함께 계시는 동안 아무런 특혜도 원하지 않으셨습니다. 다만 주님께서 승천하신 날로부터 성모님은 거룩한 몇몇 여인들과 함께 교회 앞에 서게 되셨습니다. 그리고 오순절에는 교회 안에서 성령을 받으셨고, 당신이 영광스럽게 승천하시는 날까지 교회 안에서 겸손한 기도생활을 하시면서 교회를 도우셨습니다.

중세기부터 성모님은 모든 인류의 사랑스러운 어머니로 공인받으십니다. 그렇다고 해서 성모님께서 즉시 교회의 어머니라는 공식적인 칭호를 얻은 것은 아니었습니다. 수없이 주저하고 망설이던 끝에 예수님의 어머니는 교회의 어머니로 불리게 되었고, 동시에 교회의 딸로 인정받으셨습니다.

드디어 제2차 바티칸 공의회 제3회기 폐막식이 있던 1964년 11월 21일 성 바오로 6세 교황은 다음과 같은 내용을 온 교회에 선포했습니다. "가장 복되신 동정 마리아를 교회의 어머니로, 즉 하느님의 모든 백성, 신자들과 사목자들의 어머니로 선포하며, 마리아를 가장 사랑하올 어머니로 부르는 바입니다." 당신도 그 지체이신 교회 안에서 성모님은 이제 공식적으로 어머니의 위치를 차지하시게 되었습니다. 그리고 온 교회 구성원들은 주님의 어머니를 자신들의 어머니로 부르게 되는 영광과 기쁨을 얻었습니다. 성 바오로 6세 교황은 교회의 어머니라는 칭호가 신자들이 성모님께 더 큰 영예를 드리고 더 큰 신뢰심을 가지고 어머니께 매달리게 되라는 희망을 피력했습니다. 교회의 어머니라는 칭호는 제2차 바티칸 공의회가 성모님께 드린 최대의 영광이었습니다.

오랜 교회 역사 안에 성모님을 각별히 사랑했던 성인, 성모님의 성인으로 유명한 분이 계신데 그분은 예로니모입니다. 예로니모 성인의 큰 업적을 소개하라면 성모님 관련 업적입니다. 예로니모 성인은 당시 우후죽순처럼 솟아나던 이단에 당당히 맞서셨습니다. 말도 안 되는 논리로 교회의 분열을 시도하던 헬비디우스라는 사람이 있었는데, 그는 집요하게 성모님께서 예수님 외에도 여러 명의 자녀를 두었다고 주장했습니다. 예로니모 성인은 즉시 '복되신 마리아의 영원한 동정성에 대하여'라는 반박문을 발표했습니다. 그만큼 성모님을 향한 예로니모 성인의 사랑이 컸던 것입니다.

19, 20세기는 '성모님의 시대'라고 해도 과언이 아닐 정도로 수많은 성모님의 발현이 있었습니다. 그러나 교도권은 성모님의 발현 앞에 즉흥적으로 호들갑을 떨지 않았습니다. 언제나 사려 깊게 관찰했으며 조심스럽게 진행했습니다. 그리고 아주 더디게 인정하고 허용했습니다. 뭐든지 지나침은 모자람만 못하기 때문입니다. 성모님을 향한 과도한 공경과 신격화는 신앙의 본질을 흐릴 뿐 아니라 신자들을 그릇된 신앙의 길로 인도하며 결국 교회의 분열을 초래합니다. 물론 성모님의 발현 역사를 살펴보면 어려움에 처한 교회와 자녀들을 향한 따뜻한 어머니의 마음이 자리 잡고 있습니다. 교회가 큰 위기에 처할 때 성모님은 발현을 통해 큰 도움을 주셨습니다. 백성들이 갈 길을 잃고 방황할 때 성모님은 발현을 통해 당신 양 떼를 따뜻이 품어 안아 주셨습니다.

여기서 우리가 꼭 기억할 것이 한 가지 있습니다. 발현하신 성모님께서 그리스도 신자들에게 전하신 메시지는 뭔가 대단하고 특별한 것이 아니었습니다. 발현하신 성모님의 메시지는 곧 아드님이신 예수님께서 선포하신 메시지였습니다. 성모님의 메시지는 곧 예수님께서 제자들에게 건넨 말씀이었습니다. 결국 성모님의 메시지는 복음의 요약이요 가톨릭 정통 교리입니다. 교회가 승인한 성모님 발현 메시지는 절대로 교회의 가르침을 벗어나지 않습니다. 혹시라도 누군가의 강권에 못 이겨 어디 어디를 갔는데, 그 가르침이 너무 비상식적이거나 황당무계하다면 당장 뛰쳐나와야 합니다. 우리 성모님은 철저하게 교회의 어머니요 예수 그리스도의 어머니이십니다. 그분께서 당신 아들 예수님의 가르침을 거슬러가면서 발현하시고 활동하지 않으십니다. 성모님께서는 우리들의 어머니로서 따뜻하고 편안하신 분, 우리가 바치는 매일의 묵주 기도 안에도 항상 현존하시며, 지속적으로 우리와 동행하시는 분임을 기억하면 좋겠습니다.

교우 여러분! 예수님께서 성모님을 통해서 세상에 오셨듯이, 우리 역시 성모님을 통해서 예수님께로 나아갈 수 있다는 희망을 마음 깊이 간직하고 살아가면 좋겠습니다.

네 번째 이야기

성모님 공경

교회 안에서 성모님의 자리가 어디쯤인가 파악하는 것이 굉장히 중요합니다. 성모님은 다른 성인 성녀들과는 차별화됩니다. 다른 분들과는 비교가 안 될 정도로 탁월하고 월등한 공경의 자리를 차지하고 계십니다. 그러나 다른 한편, 성모님께서는 신앙의 대상인 삼위일체 하느님보다는 아래에 자리한다는 것을 잊지 말아야겠습니다. 성모님은 신앙이나 흠숭의 대상이 아니라, 사랑과 공경의 대상임을 늘 염두에 두어야 하겠습니다. 이 부분에서 혼선이 빚어질 때 우리 신앙은 흔들리고 헷갈리게 됩니다. 그래서 우리는 늘 스스로를 돌아보아야 합니다. 우리의 성모 신심이 과도하거나 어색하지는 않은지, 우리 안에서 하느님과 성모님의 자리가 뒤바뀌어 있는 것은 아닌지?

우리 사이에 주고받는 사랑도 우선순위가 중요합니다. 이

것이 잘못 설정될 때 큰 문제가 유발되기도 합니다. 예를 들어 한 가정 안에서 가정주부는 어떤 사람을 최우선적으로 사랑해야 할까요? 바꿔 말해, 어머니의 휴대폰 저장 번호 1번은? 너무나도 당연히 미우나 고우나 원수 같은 영감님이어야 마땅합니다. 그다음으로 사랑은 동심원처럼 넓어져 가겠죠. 부모님, 시부모님, 자녀들, 그리고 친구들, 친척들…. 그런데 어떤 자매님을 보면 그 순위가 잘못되어도 한참 잘못됐습니다. 사랑의 우선, 최우선 순위여야 하는 신랑은 순번이 아예 100번 뒤로 밀려나 있습니다. 그리고 놀랍게도 기호 1번은? 키우는 애완견입니다. 그야말로 애지중지, 죽고 못 삽니다. 사랑의 우선순위가 잘못 설정되면 희극적이면서도 비극적인 모습으로 변하게 됩니다.

    신앙생활, 영적 생활 안에서도 마찬가지입니다. 신앙생활을 하는 데 다양한 사랑과 존경의 대상이 있습니다. 성인과 복자가 있습니다. 천사도 있습니다. 성모님이 계시고 하느님이 계십니다. 교회는 사랑과 존경의 대상인 분들에 대한 등급을 쭉 매겨, 축일이나 기념일도 정하며, 그분들의 생애와 신앙을 기억하고 경축하고 기념합니다. 그런데 하느님께 대한 사랑과 존경은 그 격을 완전히 달리 합니다. 세상 만물의 창조주요 삼위일체이신 하느님은 신앙의 대상, 흠숭의 대상입니다. 성인 성녀나 천사는 신앙의 대상이나 흠숭의 대상이 아니라 공경의 대상입니다. 그러나 성모님은 성인 성녀 가운데서도 또 격을 달리하는 초특급 대상이기에 상경지례, 즉 특별한 공경, 한 단계 높은 공경의 예를 갖춥니다.

성모상을 지날 때마다, 묵주 기도를 드릴 때마다, 9일 기도를 바칠 때마다, 성모 성월 행사를 할 때마다 우리가 늘 염두에 둘 진리가 한 가지 있습니다. 성모 신심은 길이요 진리요 생명이며, 은총과 덕행의 근원이신 성자 예수 그리스도께로 향하는 것이기에 언제나 예수 그리스도를 중심에 두고 이루어져야 합니다. 결국 우리가 성모님을 공경할 때 성자 예수 그리스도께서 올바르게 이해되고, 사랑과 영광을 받으신다는 사실을 잊지 말아야 합니다.

성모님 공경은 이미 2세기부터 시작되었습니다. 그러다가 4~5세기경 동방 교회에서 성모님의 축일이 제정되어 전례적 공경이 먼저 시작되었습니다. 그리고 마침내 431년 에페소 공의회의 결정을 계기로 본격적인 성모님 공경이 널리 보급되고 권장되었습니다.

"가톨릭교회에서는 왜 그렇게 성모님, 성모님… 성모님을 강조하고 있습니까? 뿐만 아니라 가톨릭 신자들은 다들 묵주를 들고 다니며 묵주 기도를 즐겨 바칩니다. 가톨릭교회에 가면 온통 성모님밖에 보이지 않는 것 같습니다. 어떻게 이해해야 할까요?"

　가톨릭교회에는 다양한 신심이 존재하는데, 그 가운데 성모 신심이 차지하는 비중이 상당합니다. 그러나 우리가 잊지 말아야 할 것! 그게 다가 아니라는 것입니다. 그러니 적당히 할 필요가 있겠습니다.
　수학 능력 시험을 앞둔 수험생은 좋은 점수를 받기 위해서 어떻게 노력해야 마땅합니까? 나는 국어만 좋아한다고, 내내 국어만 공부하고, 다른 과목은 거들떠보지 않으면 결과는 불을 보듯 뻔합니다. 건강한 몸을 유지하기 위해서는 밥도 먹어야 하지만, 고기도 먹고 나물도 먹어야 합니다. 골고루 다양한 영양소를 섭취해야 합니다. 편식은 위험합니다. 신앙생활에서도 마찬가지입니다. 기도 생활에서도 마찬가지입니다. 가톨릭교회에는 다양한 신앙의 보물들이 즐비합니다. 건강하고 균형 잡힌 신앙인이 되기 위해서는 편식하지 마시고 골고루 섭취해야 합니다.
　다른 무엇에 앞서 성체성사를 비롯해서 교회 안에서 이루어지는 다양한 성사 생활에 충실해야 합니다. 그리고 공식적인 전례나 기도를 우선해야겠지요. 그러고 나서 이런저런 신심 생활을 실천해야 합니다. 언제 어디서든 우리가 가장 우선적으로 선택할 대상은 삼위일체 하느님이십니다. 그분께 영광과 찬미를 드리는 신앙 행위가 가장 중요합니다.

그런데 우리 신자들이 너무 과하다 싶을 정도로 성모님을 존경하고 사랑하는 이유는 무엇일까요? 다른 무엇에 앞서 그분이, 인류 역사상 가장 탁월한 신앙인의 모델이요 이정표이기 때문입니다. 우리가 성모님을 공경하는 이유는 특별한 기적을 되풀이하는 능력의 여신女神이어서가 절대 아닙니다. 우리의 잡다한 소원들을 원 없이 채워 주는 완벽한 해결사여서도 아닙니다. 우리를 황홀한 신비로 이끌어 주시는 묘한 분이어서도 아닙니다.

그보다는 성모님의 흔들리지 않는 굳건한 신앙을 칭송합니다. 칠흑 같은 암흑 속에서도 하느님 아버지의 뜻만 추구한, 빛나는 그분의 믿음을 찬양합니다. 한결같은 자세로 아버지의 뜻만을 추구한 그분의 충실성을 공경합니다. 예수님을 잉태하셨을 뿐 아니라, 동시에 하느님의 말씀을 잉태한 분이시기에 존경합니다. 하느님의 말씀이 자신 안에서 성장할 수 있도록 늘 자신을 비우던 분이라서 사랑합니다.

성모님을 바라보는 우리 시각에도 정화와 쇄신이 필요하다는 것을 실감합니다. 성모 신심은 단독 교과목처럼 따로 분리해 놓아서는 안 됩니다. 언제나 그리스도론과 결부시켜야 바람직합니다. 성모님 공경 역시 예수 그리스도를 중심에 두고 이루어져야 합니다. 성모 신심과 관련해서 항상 경계해야 할 위험 요소가 몇 가지 있습니다. 지나치게 포장되고 과장된 성모 신심입니다. 조금은 두렵고 부담스러운 성모 신심 관련 서적들입니다. 엄청나게 섬뜩한 성모님 관련 사적 메시지입니다. 뿐만 아닙니다. 성모님에 대한 지나친 신격화도 배제해야 마땅합니다.

원래 성모님은 너무나 편안하고 다정다감한 분, 순수하고 겸손한 분이십니다. 인정 많고 자상한 우리 어머니 같은 성모님이신데, 그분 위에 너무 심한 도금鍍金을 해 놓아 성모님께서 얼마나 불편하실까 걱정도 많이 됩니다. 또 어떤 사람들은 성모님을 자동판매기나 기적의 요술 방망이 같은 존재로 여기고 끊임없이 뭔가를 집요하게 졸라 댑니다.

성모님께서 인류에게 남겨 주신 가장 아름다운 모습은 하느님 아버지의 뜻에 기꺼이 순종하신 모습입니다. 하느님의 초대에 흔쾌히 '예!'라고 응답한 것입니다. 성모님의 가장 큰 업적은 한평생 하느님의 말씀을 잘 경청하고, 그 말씀을 마음속 깊이 간직하고, 매일의 삶 속에서 꾸준히 실천하신 것입니다.

참된 성모 신심은 철저하게 그리스도 중심적입니다. 참된 성모 신심의 소유자는 기적이나 발현, 계시 등에 집착하거나 연연하지 않습니다. 그 대신 참된 성모 신심의 소유자는 부단히 성경 속의 성모님을 바라봅니다. 겸손하고 순수하신 성모님, 때로 강인하고 깊은 믿음의 소유자인 성모님의 생애를 묵상합니다.

"가톨릭교회 안에서 성모님 공경과 관련해 과도한 부분이 없지 않다고 들었습니다. 예를 들면 어떤 것일까요?"

중세 시대 성모님에 대한 신심이 보편화되면서 여기저기 부작용이 돌출하기 시작했습니다. 가장 대표적인 예가 성모님의 위치, 성모님의 역할을 너무 격상해 버린 케이스입니다. 당시 이런 분위기까지 있었습니다. 성모님을 구원자로 격상시켰습니다. 인간을 모든 위험에서 확실하게 보호할 뿐만 아니라, 지옥 불에서도 구해 주실 초능력자로 여겼습니다. 더 나아가 성모님을 전지전능한 천상천하의 모후로 승격시켰습니다. 또 성모님께서 영원한 임금인 예수 그리스도의 권능에 동참한다고 생각했습니다. 뿐만 아니라 성모님을 전쟁이나 천재지변, 전염병이나 대재난에서 인간을 지켜 주는 수호자로 바라봤습니다. 예수 그리스도께서 성모님의 순종으로 이 세상에 오셨고, 성모님 품에서 성장했으므로, 천상에서도 성모님의 역할은 독보적이고 무제한이라고 여겼습니다. 한 번 시작된 과장과 남용은 더 심각하게 확산되었습니다. 천상 모후의 절대적 능력에 대한 신뢰심은 점점 커졌고, 마침내 성모님은 예수 그리스도의 은총을 백성들에게 전달할 뿐 아니라, 성모님 스스로도 은총을 베푸는 존재라는 생각에까지 이르게 되었습니다.

결국 중세 교회 때 과도하고 그릇된 성모 신심의 분위기는 성모님을 하느님 반열에까지 올려놓은 것입니다. 이렇게 중세 교회 안에서 성모 신심은 교회의 공적 가르침에서 꽤나 이탈한 것으로 여겨집니다. 여러 위험 요소들이 있었는데, 그중에서도 위험한 생각들은 이런 것이었습니다. '성모님께서는 예수 그리스도와 별개로 독자적인 힘으로 악마를 물리치고, 때로는 하느님의 공의로운 심판도 피하게 한다.' 아주 위험한 생각입니다. '성모님은 아들 예수 그리스도와 함께 천상 모후의 자리에 앉아 세상을 다스리시며, 당신께 부르짖는 모든 이들에게 구원을 베풀어 주신다. 누구든지 성모님을 통하지 않고서는 천국으로 들어갈 수 없다.' 정말 위험한 생각입니다. '성자 예수 그리스도께서도 당신의 아들인 한 모친 성모님께 종속된다.' 제일 위험한 생각입니다.

교회 역사를 살펴볼 때 성모님 공경에서 과장과 남용이 있었음은 사실입니다. 그러나 그러한 현상은 당시 교회의 공식 가르침에 따른 것이기보다는 각 시대의 상황과 민족의 풍속, 습관에 영향을 받은 것이고, 또 개인 및 집단적 감정과 정서에 따른 부산물이었다고 볼 수 있습니다. 제2차 바티칸 공의회를 개최한 성 요한 23세 교황은 성모님을 극진히 사랑하기로 유명했습니다. 그러나 과도한 성모 공경 행위나 신심에 대해서는 강력히 경고하셨습니다. 1961년 리지외에서 열린 마리아 회의에서 성 요한 23세 교황은 동서방의 전통적 성모 신심에 대한 존중을 강조했습니다. 성 바오로 6세 교황 역시 전통에 충실하고 성서적·사목적으로 올바른 성모 신심을 권장하였습니다. 성 요한 바오로 2세 교황은 회칙 「구세주의 어머니」를 반포하며 1987년 교회 역사상 두 번째 성모 성년을 선포했습니다. 이 회칙에서는 성모님의 구세사적 위치를 예수 그리스도의 구원 신비 안에서 인간학적이고 신학적인 측면에서 재조명하고 확인했습니다. 이 회칙을 통해 성 요한 바오로 2세 교황은 성모님께서 결코 신앙의 대상이 아니라, 모든 그리스도인의 모범임을 명시했습니다.

"가톨릭 신자들은 왜 성모님께 기도합니까? 성모님이 신앙의 대상입니까? 가톨릭은 마리아를 믿는 이단, 우상 숭배하는 사이비 종교라고 공격하는 사람들이 있는데, 이에 대한 교회의 입장은 무엇입니까? 흠숭지례, 상경지례에 대한 설명이 어렵습니다. 쉽게 설명해 주세요."

흠숭欽崇이란 말 그대로 해석하면 '흠모하고 숭배하다'입니다. 흠숭지례欽崇之禮는 삼위일체 하느님께만 드리는 최고의 흠모와 숭배의 예설禮節, 다시 말해 최고의 신앙 행위입니다. 그런데 인간으로서 탁월한 삶을 살다가 돌아가신 신앙의 선배들 가운데 교회로부터 그 성성을 공식적으로 인정받은 분들이 계신데, 그분들을 일컬어 성인 성녀라고 합니다. 교회는 그분들이 하느님의 영광에 참여하고 있다고 공식적으로 확증했습니다. 따라서 후배 그리스도인들은 성인 성녀에게 존경과 사랑의 예를 표하는데, 그것이 바로 공경지례입니다.

그렇다면 성인 중 으뜸 성인, 성모님 앞에 우리는 어떤 예를 표현해야 할까요? 그것은 흠숭과 공경 사이에 자리한 예입니다. 이름하여 상경지례입니다. 상경지례는 하느님께 드리는 흠숭지례보다는 낮지만, 천사와 성인들에게 드리는 공경지례보다는 높은 단계입니다. 교회가 그렇게 구분하는 이유는 명확합니다. 성모님 위치의 각별함과 탁월함 때문입니다.

비오 12세 교황의 전례에 관한 회칙 「하느님의 중개자」에서는 성모님 공경에 대해 이렇게 적고 있습니다. "천상 성인들 가운데 하느님의 어머니이신 동정 마리아께서는 특별한 공경을 받으십니다. 하느님께서 받으신 사명으로 그분의 삶은 예수 그리스도의 신비와 가장 밀접하게 연결되어 있고, 그분보다 더 가까이, 더 모범적으로 강생하신 말씀의 뒤를 따른 사람은 없습니다."

성모님을 이 세상 그 누구보다도 사랑했던 성모님의 성인 베르나르도도 이런 말을 남겼습니다. "케루빔과 세라핌보다도 더 거룩하신 마리아는 다른 모든 성인들보다 더 큰 영광을 받으시며, 더 큰 공경을 받는 것에 의문의 여지가 없다. 마리아는 은총이 가득하신 분이고, 우리를 위하여 즐겨 구세주를 낳아 주신 하느님의 어머니시기 때문이다."

성모님께 드리는 이 상경지례는 두 가지 이유에서 우상 숭배와는 거리가 멀다고 할 수 있습니다. 하나, 성모님은 구원 역사 안에서 독특한 역할을 수행하셨고, 또 은총을 통해 최상의 성성과 영광을 얻으셨습니다. 큰 영예를 얻으셨지만 근본적으로는 피조물의 지위에 머무십니다. 성모님 본인도 겸손하게 주님의 여종임을 밝히셨습니다. 둘, 성모님 공경은 성삼위께 드려야 할 흠숭을 대신할 수 있는 것이 아닙니다. 가톨릭교회 영성 생활에서 최우선적 선택은 성삼위께 영광과 찬미를 드리는 신앙 행위입니다.

"성모님은 한 분이신데 호칭이 다양한 이유는 무엇입니까?"

뒤늦게 세례를 받으셨지만, 기도 생활에 큰 재미를 붙인 할머니 한 분이 제게 이런 질문을 던졌습니다. "신부님, 참

이상하죠? 세상에 뭔 성모님이 그리 많데요? 생긴 것도 제각기 다르고!" 그게 무슨 말이냐는 제 질문에 할머님은 줄줄이 성모님의 호칭을 늘어 놓으셨습니다. "구세주의 어머니, 티 없으신 어머니, 사도의 모후, 평화의 모후, 루르드의 성모, 파티마의 성모, 원죄 없이 잉태되신 마리아, 위로의 성모…"

여기에 대해서 조금 설명해 볼까요? 저희 수도원에 정말 재미있는 형제가 있습니다. 수도원 안에서는 거의 개그맨입니다. 형제들은 그를 부를 때 '기인'이라고 부릅니다. 그러나 아이들 사이로 들어가면 그렇게 자상할 수가 없습니다. 그는 아이들 사이에서 '아버지'로 불립니다. 깔끔하게 차려입고 관공서 행사에 가면 공무원들은 그를 '문제 청소년들의 대부'라고 부릅니다. 여기저기서 강사로 초대하는데 다들 넋을 잃을 정도로 강의를 잘합니다. 사람들은 그를 '명강사'라고 부릅니다. 그 형제는 분명 한 사람인데 그의 모습과 역할, 특징에 따라 다양한 명칭이 추가됩니다.

이런 현상은 성모님께도 동일하게 적용됩니다. 가톨릭교회는 성모님께서 지니셨던 여러 측면의 빛나는 덕행과 면모들을 흠모하고 경축합니다. 성모님의 탄생을 경축하는가 하면 구세주를 낳으심을 기념합니다. 사촌 엘리사벳을 방문하심을 기억하는가 하면 하느님의 모친이 되심을 기립니다. 지극히 겸손하신 성모님을 칭송하는가 하면 위로자이신 성모님께 의탁합니다. 뿐만 아니라 성모님께서는 수많은 장소에 발현하셔서 다양한 모습으로 당신을 드러내셨습니다. 따라서 성모상의 모습이 수십 수백 가지인 것은 너무나 당연합니다.

"집에 성모상을 여러 개 모셔도 되나요?"

저희 공동체만 하더라도 현관문 열자마자 거실에 성모상을 모셨습니다. 2층 복도에도 하나 모셔 놓았습니다. 바깥에 나가면 이쪽 언덕 끝에 하나, 저쪽 언덕 끝에 하나 해서 두 개를 모셨습니다. 성모 신심이 깊은 동료 신부 한 분은 자기 개인 침실에도 작은 성모상을 모셨습니다.

그러나 그것도 적당해야겠지요. 딱 정해진 규정은 없습니다. 아파트라면 거실에 하나 정도로 충분합니다. 축일 선물로 또 다른 성모상을 받으셨다면 안방이나 건넛방이나 다른 적당한 장소에 또 모시면 됩니다.

"성모상을 개인이 만들어도 되나요? 그렇다면 교회의 허락을 받아야 하는지요?"

교회 역사에서 수많은 예술가들이 성모님을 주인공으로

한 성화나 성물을 만들었습니다. 아마 하느님께서도 그 숫자를 다 파악하지 못하실 것입니다. 별의별 성모상이 다 있습니다. 한 예술가가 성모님을 사랑하는 마음으로 성화를 그린다거나 성모상을 제작하는 것, 아주 좋은 일이겠지요. 그러나 성모님을 사랑하는 표현으로 품위 있게 잘 만들 필요가 있습니다. 자신이 그린 성모 성화나 성모상으로 인해 누군가에게 분심을 주거나 혼돈을 일으켜서는 안 될 것입니다. 따라서 한 개인이 성모상을 만든다면, 그래서 어딘가에 모시려면 그전에 본당 신부에게 보여 드리고 괜찮은지 여쭤보면 좋겠습니다. 그래서 좋다고 하시면, 축복을 청한 후에 모시는 게 좋겠습니다.

교회 역사에서 수많은 성모님을 주제로 한 성화와 성상이 제작되었는데, 여기에도 남용과 과장이 있었습니다. 오늘날에도 동방 교회에서는 성모상 이콘을 제작하고 있는데, 동방 교회 역사에 재미있는 일들도 생겨났습니다. 옆으로 빗나가는 성화나 성상들이 양산되다 보니, 이콘 제작 시 준수해야 할 세부적인 규칙까지 제정되었습니다. 성모님 성화상을 제작할 때 지켜야 할 규정은 다음과 같습니다.

나이는? 중년의 여인 / 키는? 보통보다 큰 키 / 머리카락 색깔은? 금발 / 눈썹은? 아름답고 검은 눈썹 / 얼굴형은? 계란형 얼굴 / 팔 길이는? 길 것 / 그리고 오목조목한 이목

구비를 갖출 것. 정말 재미있습니다. 그리고 무엇보다도 성모님 성화상을 통해 자연적인 순수함과 완전한 겸손을 통해 형언할 수 없는 아름다움이 드러나야 했습니다. 그러니 얼마나 어려운 작업이겠습니까? 그만큼 교회 역사 안에서 엉뚱한 길로 새는 사람들이 많았다는 반증이겠습니다.

"성모상 앞에서 기도하는 자세나 방법은 어떠해야 합니까? 성모상 앞에서 그리고 예수님상 앞에서 하는 기도 예법의 차이는 무엇인가요? 성모상 앞에서 십자 성호를 긋고 인사하는 것은 괜찮나요? 아니면 그냥 절을 해야 하나요?"

성모님 공경에서 교회는 세부적인 것까지 다 일일이 규칙으로 정하지는 않습니다. 시대나 환경, 나라나 민족에 따라 관습도 다르기에 시시콜콜한 것까지 규칙으로 정하기보다 크게 열어 놓는 게 당연하겠지요. 그러나 교우들은 구체적이고 명시적인 가르침이 없다 보니 다른 사람을 따라하면서도 헷갈리는 것이 당연합니다. 내가 지금 하는 방법이 맞는 건가? 아닌 건가? 궁금하실 것입니다. 그래서 답은 자연스럽게 하시면 됩니다. 그럼 한 번 예행연습을 해 볼까요?

지금 우리는 본당 입구에 모셔진 성모상을 지나가고 있습니다. 어떻게 하면 좋을까요? 미사 시간이 촉박합니다. 그러면 잠시 멈춰 서서 목례를 하고 지나가시면 되겠습니다. 아직 미사 시간까지 꽤 여유가 있습니다. 그런 분들은 잠깐 멈춰 서서 성모송 한 번이나 주모경 한 번 바치시면 더 좋겠지요. 그런데 여기서 한 가지 아까 질문하신 게 있습니다. 성호를 긋고 성모송이나 주모경을 바쳐야 하나요? 모든 기도의 시작과 끝에는 반드시 필요한 게 있습니다. 그것은 성호경입니다. 그 어떤 기도든 시작에 앞서 성삼위께 영광과 찬미를 드리는 성호를 먼저 그으시면 좋겠습니다. 그리고 성모송이나 주모경 한 번, 그리고 기도가 끝났으니 성호경을 바치면서 공경의 표시로 목례를 드리고 지나가시면 됩니다.

예수님상 앞을 지날 때도 마찬가지입니다. 성호를 긋습니다. 이번에는 주님의 기도를 한 번 바치면 좋겠지요. 그리고 성호를 그으면서 흠숭의 표시로 목례를 드립니다. 끝났습니다. 특별한 규칙은 없습니다. 마을버스가 성당 문 앞에 기다리고 있어서 시간이 없습니다. 간단히 목례만 하시고 빨리 가시면 됩니다. 성당에 도착했는데, 미사 시작까지 시간 여유가 있습니다. 성모상 앞에서 더 오래 기도하셔도 됩니다. 성모상 앞 나무 그늘 아래 앉으셔서 묵주 기도를 한 단 바치셔도 됩니다. 이상 성모상 앞에서 어떻게 기도해야 하는지에 대해서 말씀드렸습니다.

"반모임 때마다 성모상을 모시고 모임을 갖는데, 그러다 보니 가톨릭은 마리아교라는 말을 듣게 되는 것이 아닐까요? 차라리 성경을 놓고 반모임을 하는 게 좋지 않을까요?"

여기에도 정답은 없는 것 같습니다. 그러나 이런 경우 좀 폭넓게 생각하시면 좋겠습니다. 반모임에 성모상을 모시고 하라는 규정은 없는 것 같습니다. 성경을 모셔 놓고 하라는 규정도 없는 것 같습니다. 조금 더 편안하게 생각하시면 좋겠습니다. 예를 들면 3월 성 요셉 성월에 반모임을 합니다. 그럼 어떤 상을 모시면 좋겠습니까? 요셉상을 모시고 촛불 하나 켜고 반모임을 하십시오. 9월 순교자 성월에 반모임을 합니다. 성모상 대신 103위 순교 성인 액자를 놓고 촛불 하나 밝히고 반모임을 하면 얼마나 좋겠습니까?

"성모님은 우리의 기도를 어떻게 하느님께 전구해 주시나요?"

성 바오로 6세 교황의 말씀을 소개합니다. "성모님께서는 초대 교회 때는 물론이고 하늘로 현양되신 후에도 기도하는 우리와 늘 함께하시면서 우리의 구원과 중재를 위한 당신의 사명을 결코 포기하지 않습니다." 요한 복음서에서

짤막하게나마 중개자이신 성모님의 모습을 발견할 수 있습니다. 카나의 혼인 잔치에서 성모님께서는 포도주가 떨어져 곤경에 처한 인간을 위해 아들 예수님께 부탁을 드립니다. 말씀으로는 딱 한마디 "포도주가 없구나!"라고 하셨지만, 은근히 압박 겸 간청을 드리신 것입니다.

또한 에페소 공의회는 성모님을 하느님의 어머니로 선포했습니다. 그 선포 이후로 신자들은 성모님을 탁월한 중개자로 여기고, 성모님께 중개의 기도를 청하는 분위기가 형성되기 시작했습니다.

교회 역사에서 이 부분에 대한 개신교 신자들의 공격은 집요합니다. 그들은 우리에게 이런 말을 하며 트집을 잡습니다. "가톨릭교회는 마리아 공경으로 인해, 오직 하느님만을 섬기라는 1계명과 예수 그리스도의 유일한 구원 중개성을 침해하고 있습니다."

그런 집요한 공격에도 왜 우리 가톨릭 신자들은 성모님께 기도를 드릴까요? 이유는 아주 간단합니다. 성모님께서는 예수 그리스도와 온전히 일치하여 사셨고, 지금도 그러하시기 때문입니다. 그래서 그리스도교 신자들은 성모님을 통하여 예수 그리스도께 간청합니다. 성모님의 힘 있는 기도에 의지하면 우리의 기도는 더욱 힘찬 기도가 되기 때문입니다. 기도 중에 성모님께 의지하면 성모님께서는 당신 사명을 완수하시는 차원에서 우리 기도에 응답하지 않을 수 없습니다. 성모님의 경우 하느님께서 원하시는 바는 무엇이든지 즉각적이고 자발적으로 동의하셨습니다.

인간관계 안에서 서로를 깊이 사랑하게 되면 이유를 묻거나 따지지도 않고, 사랑하는 상대방을 향해 즉각적이고 자발적인 동의의 의사를 표현합니다. 성모님께서는 인류 역사상 그 어떤 사람보다도 더 자발적으로, 또 무조건적으로 예수님을 따르셨습니다. 그래서 어찌 보면 성모님은 예수님 제자 중에 가장 첫 번째 제자이자 완벽한 제자라고 볼 수 있습니다. 성모님의 중재 효과는 성모님께서 아들 예수 그리스도의 인류 구원 사업에 적극적으로 호응하고 일치하며 참여하고 협조하는 데서 자연스럽게 흘러나오는 것이라고 볼 수 있겠습니다.

교회 역사에서 중세 이후 제2차 바티칸 공의회 직전까지 대중 신심은 성모님의 중개성을 지나칠 정도로 과장되게 강조했습니다. 그러다 보니 어느 순간, 하느님과 아들 예수 그리스도는 정의를 앞세우는 두려운 존재로, 반면 성모님은 무한히 자비한 여인으로 소개되었습니다. 따라서 신자들은 두려움의 대상인 하느님께로 나아가기보다, 우선 편하고 따뜻한 어머니, 그러나 하느님을 능가하는 무소불위의 능력자 성모님께 나아가 의탁하는 분위기가 형성된 것입니다.

다행스럽게도 이런 과열된 분위기는 제2차 바티칸 공의회를 통해 바로잡히기 시작했습니다. 일단 공의회는 「교회헌장」 62항에서 성모님을 인류를 위한 중개자로 소개합니다. "실제로 하늘에 올림을 받으신 성모님께서는 이 구원 임무를 그치지 않고 계속하시어 당신의 수많은 전구로 우리에게 영원한 은혜를 얻어 주신다. 그 때문에 복되신 동정녀께서는 교회 안에서 변호자, 원조자, 협조자, 중개자라는 칭호로 불리신다." 여기서 약간 강약 조절 작업도 잊지 않았습니다. 성모님의 구원 중개가 예수 그리스도의 유일한 중개에 종속된 참여적 중재라는 것을 명백히 밝히면서, 성모님의 중개는 예수 그리스도의 중개에 의지하고, 거기에 온전히 달려 있고, 거기서 모든 힘을 길어 올린다는 것을 잊어서는 안 된다고 강조했습니다. 성모님의 구원 중개를 성모님께서 아들 예수님께 명령해 무리한 것조차 실현시킨다는 의미로 해석되어서는 안 될 것입니다. 성모님께서는 기도로 중개하는 권위를 지니고 계시지, 하느님께 명령하는 권위를 지니고 계시지 않습니다. 네, 이렇게 중개자이신 성모님에 대해서 말씀드렸습니다.

"마니피캇에 대해서 자세히 알고 싶습니다."

마니피캇은 루카 1,46-56에서 소개하고 있습니다. 나자렛의 마리아와 아인카림의 엘리사벳이 서로 상봉하는 장면은 참으로 감동적입니다. 인간적인 시선으로 바라보면 참으로 기구하고 비극적인 장면이 아닐 수 없습니다. 먼 길을 걸어 찾아온 여인은 십 대 미혼모입니다. 맞이한 여인은 놀랍게도 노산老産 중의 노산을 앞둔 호호백발 할머니입니다. 두 여인은 서로 상봉하자마자 기쁨 충만한 찬가를 주고받습니다. 뿐만 아닙니다. 두 여인의 배 속에 든 아기들도 서로 인사를 주고받습니다. 더 이상 불행할 수 없는 만남인 듯한데, 축제 분위기입니다. 그 비결은 활기차고 충만한 성령의 현존 때문입니다. 엘리사벳이 이스라엘의 옛 백성 전체를 대변한다면 마리아는 하느님의 새 백성 전체를 대변합니다. 이로써 인류의 두 위대한 어머니가 만나게 된 것입니다.

성령으로 가득 찬 엘리사벳은 마리아를 보자마자, 기다렸다는 듯이 위대한 하느님의 구원 업적의 서막을 찬양하는 동시에, 마리아의 놀라운 믿음을 칭송하고 축복합니다. "당신은 여인들 가운데에서 가장 복되시며 당신 태중의 아기도 복되십니다. 내 주님의 어머니께서 저에게 오시다니 어찌된 일입니까? 행복하십니다, 주님께서 하신 말씀이 이루어지리라고 믿으신 분!"(루카 1,42-43.45) 엘리사벳의 노래를 통해 우리는 마리아가 어떤 분이신지 명확히 파악할 수 있습니다.

'여인들 가운데 가장 복되신 분', '주님의 어머니', '믿으신 분' 입니다.

엘리사벳의 노래에 이어 마리아도 응답의 노래를 부르십니다. 신약 성경 내 여러 찬가 중에 가장 아름답고 의미 있는 찬가로 손꼽히는 마리아의 노래는 라틴어로 '찬미하다'Magnificare라는 동사의 3인칭(Magnificat)으로 시작되어 '마니피캇'이라고 부릅니다. 마니피캇은 하느님을 향한 마리아의 찬미가라고 할 수 있습니다. 마리아는 하느님께서 자신에게 행하신 놀라운 위업偉業을 노래하는 동시에, 인류의 구원을 위한 하느님의 역사役事하심과 그분의 약속이 반드시 성취될 것을 보증하심에 감사드립니다. 전반부는 개인적 차원의 감사 찬미가입니다. 마리아는 하느님의 구원 사업에 부족한 자신을 선택해 주신 것에 대해 감사를 드립니다. 후반부는 공동체적 차원의 감사 찬미가입니다. 가난하고 힘없는 사람들을 보살펴 주시는 하느님께 대한 감사와 아브라함에게 하신 약속이 예수님의 탄생을 통해 이루어진 데 대한 감사의 찬가입니다.

성모님의 노래 마니피캇은 짧은 시간을 이용해 우리 교우들이 성모님께 공경을 표할 수 있는 아주 좋은 노래요 기도이기에 적극 추천합니다. 저희 수도자들이나 사제들은 하루 일과가 끝나는 해질 무렵, 매일 저녁 기도 때마다 마니피캇을 노래하며 성모님께 공경의 예를 표합니다. 교우 여러분들도 매일 저녁 그 옛날 나자렛의 성모님을 기억하고, 성모님과 한마음으로 그분의 지극히 겸손한 덕을 본받겠다고 다짐하며 마니피캇을 노래해 보시면 좋겠습니다.

왜 우리는 성모님을 공경하는가?

① 성모님은 하느님의 지극히 거룩한 모친으로서 탁월한 성덕을 지니셨기에 당연히 그에 합당한 예우를 드리는 것입니다. ② 성모님께서는 아들 예수님의 구원 사업에 적극적으로 참여하고 협조하신 분이어서 공경합니다. ③ 성모님은 하느님의 은총에 힘입어 하늘의 어머니로서의 왕권을 부여받으신 분이어서 공경합니다. 그러나 그 왕권은 아들 예수님의 왕권에 종속된 왕권입니다.

성모님 공경은 다음 네 가지 실천사항을 통해 구체화되고 실현되어야 합니다.

① 공경입니다. 성모님께 드리는 공경은 아들 예수님 다음으로 모든 천사와 성인들 위에 드리는 공경입니다. ② 사랑입니다. 그 사랑은 하느님의 어머니이자 인류의 어머니께

드리는 사랑입니다. ③ 기도입니다. 우리의 변호자, 보호자, 협조자, 중재자이신 어머니께 전구를 비는 기도입니다. ④ 본받음입니다. 성모님의 성덕 전체를 본받기 위해 노력하는 것입니다.

이러한 마리아 공경의 최종 목적은 무엇입니까?

① 성삼위에 대한 흠숭을 촉진해 줍니다. 성모님 공경은 하느님을 향한 흠숭을 감소시키는 것이 아니라 오히려 삼위일체 하느님께로 나아가 일치시켜 주는 다리 역할을 합니다. 성모님 공경을 통해 우리는 성삼위와 성모님의 긴밀한 관계를 깨닫고, 그분들과의 일치 안에 우리를 현존하게 합니다. ② 성모님에 대한 공경을 통해 아드님 성자를 올바로 이해하고, 사랑과 영광을 드립니다. 참된 성모 공경은 우리를 언제나 삼위일체이신 하느님께로 나아가게 합니다. ③ 기억해야 할 명백한 진리 한 가지! 성모님께서는 피조물이시며 창조된 분이십니다. 그러므로 창조주이시며 구세주이시며 사랑이신 하느님과 비교될 수 없습니다. 성모님 공경은 삼위일체이신 하느님을 향한 흠숭에 언제나 종속됩니다.

다섯 번째 이야기
묵주 기도

"묵주 기도란 대체 무엇입니까?"

　묵주 기도는 말 그대로 묵주라는 '기도 도구'로 바치는 기도입니다. 묵주 기도는 로사리오 기도라고도 합니다. 로사리오는 라틴어로 장미꽃 화관을 뜻합니다. 묵주 알을 한 알 한 알 넘길 때마다, 장미 한 송이를 성모님께, 그리고 아들 예수님께 선물하는 마음으로 드리는 기도가 묵주 기도가 아닐까 저는 생각합니다. 다들 묵주 한두 개는 갖고 계셔서 잘 아시듯이, 묵주는 가장 보편적이고 전통적인 천주교 성물이고 기도 도구입니다. 요즘 다양한 패션의 묵주들이 많이 나와 있습니다. 중요한 것은 묵주 하나를 가급적 오래 쓰면 좋습니다. 가장 바람직한 것은 늘 사용하는 묵주를 평생 기도의 동반자로 여기고, 언젠가 관 속에 들어갈 때도 그 묵주를 손에 쥐고 들어가면 좋습니다.

또한 묵주는 성물이고 기도 도구이지 액세서리가 아님을 기억하셔야 합니다. 지나치게 화려하거나 너무 조잡한 것보다는 튼튼하고 성물에 합당한 품위가 있는 것으로 선택하면 좋겠습니다. 교회에 공식 자문을 구하지 않은 영화나 드라마를 보면 수녀 분장 여배우가 묵주를 목에 떡하니 걸고 등장합니다. 그것은 굉장히 어색하고 보편적이지 않은 모습입니다. 묵주는 기도 도구이지 장식품이 아니라는 것을 잊지 말아야 하겠습니다. 또 묵주 기도를 다 바쳤다고 묵주를 아무 데나 툭 던지면 안 되겠습니다. 성물인 만큼 묵주를 소중히 다뤄야 하겠습니다. 묵주 전용 작은 주머니에 넣고 성모상 앞에 두면 좋겠습니다. 묵주를 새로 구입했거나 선물을 받았거나 직접 만들었다면 성물에 해당되므로 그냥 사용하기보다는 축복을 받아야 합니다. 축복은 성직자에게 청하면 됩니다. 미사 후에 신부님께 인사드리면서 청하면 다들 기쁘게 축복해 주십니다. 축복은 무엇입니까? 축복을 받고자 하는 성물이 하느님 뜻 안에서 온전히 사용될 수 있도록 청하는 일이니 축복입니다. 그러니 새로 묵주를 사셨다면 꼭 축복을 받고 사용하시기 바랍니다.

환희, 고통, 영광의 신비를 묵상하는 전통적인 15단의 신비는 16세기에 완성되었습니다. 그리고 2002년 성 요한 바오로 2세 교황님이 기존의 신비에 빛의 신비를 새로 추가하심으로써, 묵주 기도는 총 20단의 신비를 갖게 되었습니다.

교회는 10월을 묵주 기도 성월로 정하고, 신자들이 묵주 기도를 통해 구원의 신비를 묵상하고 성모님께 합당한 신심을 드러내도록 권장합니다. 교회 전례력 안에서도 10월 7일을 '묵주 기도의 복되신 동정 마리아 기념일'로 정하고 있습니다. 역대 교황들도 다들 한 목소리로 묵주 기도가 성모님께 대한 가장 훌륭한 신심 행위라고 강조했습니다.

"묵주 기도에 대한 교회의 공식 가르침은 무엇입니까?"

묵주 기도는 교회의 공식 전례나 성사 행위가 아니지만, 신자들을 전례나 성사로 안내하는 신심 행위라고 볼 수 있습니다. 교회 역사에서 성모님 관련 신심은 꽤나 우여곡절을 겪었습니다. 마치 지리산 긴 능선을 오르락내리락 등산하는 것처럼 부침을 거듭해 왔습니다. 어떤 때는 성모님에 대한 대중적 신심이 약해졌다가 또 어떤 때는 파티마나 루르드 발현 같은 사건을 계기로 강해졌다가 했습니다. 성모님과 관련해서 오랜 논쟁과 토론에 결정적인 종지부를 찍은 은혜로운 사건이 있는데, 그것은 바로 제2차 바티칸 공의회입니다. 개최는 성 요한 23세 교황님이 했지만, 마무리는 성 바오로 6세 교황님이 했습니다. 공의회에 집결한 주교와 교부들, 전문가들은 몇 년에 걸쳐 격렬하게 토론하고 또 토의한 끝에 성모님에 대한 교회 가르침을 멋지게 요약했습니다. 그 내용이 바로 「교회 헌장」 제8장에 포함되었습니다. 교부들은 이 장을 '마리아 헌장'이라고 불렀습니다. 따라서 「교회 헌장」 제8장은 현대 교회 안에서 성모님 관련 모든 신심이나 학문의 근간이요 원천이 된다고 할 수 있습니다.

1964년 제2차 바티칸 공의회 3차 회기 폐막 미사에서 성 바오로 6세 교황은 강론을 통해 '성모님은 교회의 어머니'라고 공식적으로 선포하며 3차 회기를 끝냈습니다. 「교회 헌장」 제8장 그리스도와 교회의 신비 안에 계시는 천주의 성모 복되신 동정 마리아를 아주 간단하게 요약하면 이렇습니다. ① 성모님은 구원의 출발점이며 동시에 구원 신비의 중심에 위치하고 있습니다. ② 성모님은 자신의 영광으로서가 아니라 구세주 하느님의 영광으로 인해 빛납니다. ③ 하느님 구원 계획 안에서 성모님이 하신 역할은 지대합니다. 앞으로도 성모님의 역할은 계속될 것입니다.

그 누구보다도 성모님을 사랑했던 성 바오로 6세 교황은 제2차 바티칸 공의회가 폐막한 지 10년 만인 1974년 2월 2일 성모님 관련 교황 권고를 발표합니다. 제목이 'Marialis Cultus', 우리말로 번역하면 「마리아 공경」입니다. 제2차 바티칸 공의회 문헌 「교회 헌장」 제8장의 내용을 좀 더 구체화한 가르침이라고 할 수 있습니다. 이 권고 마지막 제3부에서 묵주 기도의 가치와 중요성에 대해서 가르칩니다. 요약하면 이렇습니다.

① 묵주 기도는 복음서에서 영감을 받은 묵상 기도이며, 복음적 성격이 강한 기도입니다. 묵주 기도의 신비들과 기본 형태가 복음에서 비롯되기 때문입니다. 따라서 묵주 기도를 아주 간단히 '요약된 복음'이라고도 합니다. 따라서 묵주 기도는 철저하게 복음적인 기도입니다. ② 묵주 기도는 성모송의 조화로운 연속으로 복음의 근본적인 신비를 우리에게 상기시킵니다. ③ 묵주 기도는 하느님의 말씀이 인간 역사 안에 들어오시어 구속 사업을 이루신 과정을 순차적으로 반영하고 있습니다. 묵주 기도에는 동정녀의 잉태와 예수님 유년기 시절의 신비부터 파스카 신비의 절정인 수난과 부활에 이르기까지, 구원사의 중요한 사건들이 조화롭게 연결되어 있습니다. ④ 묵주 기도는 교회 공식 전례는 아니지만, 교회 전례에서 비롯되며 우리를 교회 전례로 이끌어 줍니다.

"묵주 기도 안에서 왜 똑같은 기도, 성모송을 무한 반복해서 바치나요?"

묵주 기도는 성모송의 무한 반복이라고 할 수 있습니다. 물론 가끔씩 주님의 기도와 영광송, 구원을 비는 기도가 들어가기는 하지만, 주로 성모송의 반복으로 이루어졌습니다. 성모송을 계속 반복하는 이유는 성모송 그 자체가 예수님께 대한 끊임없는 찬미라고 할 수 있습니다.

성모송 구성은 이렇게 됩니다. 가브리엘 천사가 성모님께 드리는 인사 '은총이 가득하신 마리아님 기뻐하소서'와 엘리사벳이 성모님께 드리는 인사 '태중의 아들 예수님 또한 복되십니다.' 그리고 후반부 천주의 성모 마리아께 드리는 교회의 간구로 이루어졌습니다.

성모송은 "은총이 가득하신 마리아님!"이라고 성모님의 이름을 부르지만, 궁극적으로 아들 예수님께 드리는 인사이기 때문에 예수님을 향한 끊임없는 찬미의 기도입니다. 따라서 성모송을 반복하는 것 자체가 구원의 신비를 계속 묵상하는 것입니다. 각 성모송의 예수님은 하느님의 아들이며 동정녀의 아들이신 예수님의 신비를 상기시켜 주기 때문입니다. 물론 가끔씩 주님의 기도도 반복됩니다. 주님의 기도는 기도 자체가 지닌 무한한 가치로 인해, 다른 모든 기도의 바탕이 되고, 다른 모든 기도를 품위 있게 만들어 주기에 묵주 기도 안에 들어가 있습니다. 영광송도 반복됩니다. 이 기도는 다른 모든 기도의 일반적인 형식과 마찬가지로 한 분이시며 삼위이신 하느님께 영광을 드리는 것으로 끝맺습니다.

"묵주 기도는 염경 기도인가요? 묵상 기도인가요?"
"묵주 기도 중에 각 신비의 장면을 떠올리며 바치는 기도는 괜찮은가요? 주변에 어떤 분들은 다른 생각하지 말고 기도에만 집중하라고 하는데, 어떻게 해야 좋은가요?"

묵주 기도를 사랑한 성 바오로 6세 교황의 고백을 들어 보면 대충 답이 나옵니다. "묵주 기도는 제가 제일 좋아하는 기도입니다. 묵주 기도는 단순하고 깊이가 있고 훌륭한 묵상 기도입니다. 묵주 기도를 바칠 때마다 제 영혼의 눈앞에는 예수 그리스도 생애의 중요한 사건들이 지나갑니다. 환희, 고통, 영광의 신비로 구성된 그 신비들은 성모님의 마음을 통해서 예수님과 함께 살아 있는 친교를 나눌 수 있게 저를 이끕니다. 찬미의 기도이며 간구의 기도인 묵주 기도가 묵상 기도로 넘어가길 희망합니다. 묵상을 동반하지 않는 묵주 기도는 영혼이 없는 육신과 같습니다."
묵주 기도는 주님의 기도, 성모송, 영광송, 구원을 비는 기도 등 염경 기도의 조합이지만, 근본적으로 묵상 기도입니다. 묵주 기도는 염경 기도와 묵상 기도가 절묘하게 조화를 이루는 기가 막힌 기도입니다. 매 신비에 반드시 '~을 묵상합시다!'라는 문구가 들어 있지 않습니까? 묵주 기도는 당연히 묵상 기도입니다. 묵주 기도에서 찬미와 간구의 요소 외에도 본질적인 요소인 묵상, 더 나아가 관상의 중요성이 더 많이 강조되어야 하겠습니다.

묵상이나 관상에로 나아가지 못하는 묵주 기도는 영혼이 없는 육체에 불과합니다. 또한 묵상 없이 그저 입으로만 줄줄 바친다면 묵주 기도가 예수님께서 경고하시는 이방인들의 빈말처럼 될 가능성이 다분합니다. 한 가지 간과해서는 안 될 주의 사항이 있습니다. 묵주 기도는 하나의 신심 행위이지 교회 공식 전례는 아니라는 것입니다. 따라서 교회 공식 전례와 묵주 기도가 서로 대립되거나 동일시되어서도 안 된다는 것을 기억해야 하겠습니다. 물론 묵주 기도는 공동체적 성격과 성경적 내용을 지니고 있으며, 예수 그리스도의 신비를 지향하는 아름다운 기도입니다. 따라서 묵주 기도가 교회 공식 전례에 포함되지는 않지만, 자연스럽게 전례로 이끄는 기도라는 것이 확실합니다. 묵주 기도를 바침으로써 신자들의 마음과 정신은 그리스도의 신비들과 더욱 친숙해져 이 신비들을 전례적으로 기념함에 아주 훌륭한 준비가 됩니다.

"어떤 분이 묵주 기도는 낮은 단계의 기도라고 하던데, 기

도에도 단계가 있나요?"

먼저 묵주 기도는 낮은 단계의 기도인가 하는 질문에 대해서 저는 절대 아니라고 생각합니다. 그랬다면 묵주 기도가 이렇게 가톨릭 신자들 사이에서 가장 보편적인 기도가 될 리 만무합니다. 묵주 기도가 수준 낮은 기도라면 왜 역대 교황들이 그렇게 강하게 강조했겠습니까? 묵주 기도는 단순한 것 같지만 아주 수준 높은 기도입니다. 염경 기도와 묵상 기도, 더 나아가 관상 기도가 조화를 이루는 아주 멋지고 품위 있는 기도입니다.

"묵주 기도는 성모님을 통해 예수님께 나아가는 기도라고 알고 있는데, 맞는 건가요?"

묵주 기도는 성모님과 함께 예수님의 일생, 그분께서 행하신 구원의 신비를 묵상하는 묵상 기도입니다. 하느님의 구원 사업 전체를 관상하며 찬미와 감사를 드리는 기도입니다. 묵주 기도는 철저하게도 복음에 근거하고 복음에서 출발하며, 복음을 요약하는 기도입니다. 따라서 우리는 묵주 기도를 바칠 때 복음의 마음으로 바쳐야 합니다. 복음에서 출발해, 복음을 진지하게 묵상하고, 복음을 실제 삶 안에서 실천하고, 다시 복음으로 돌아가도록 도와주는 기도가 묵주 기도입니다.

묵주 기도의 수준을 떨어트리고 올리고 하는 것은, 전적으로 묵주 기도를 바치는 우리에게 달려 있습니다. 우리가 묵주 기도를 빨리빨리 해치워야 할 숙제로 여긴다면 묵주 기도의 수준을 확 떨어트리는 것입니다. 우리가 묵주 기도를 다양한 잡념 속에 설렁설렁 대충대충 가볍게 바친다면 묵주 기도의 수준을 떨어트리는 것입니다. 우리가 묵주 기도를 기적의 요술 방망이나 자동판매기처럼 여기고 바친다면 묵주 기도 수준을 대폭 떨어트리는 것입니다. 묵주 기도를 바칠 때 성모님과 함께 예수님 생애의 신비를 기쁜 마음으로 정성껏 묵상하는 것이 아니라, 우리의 잡다한 이기적 바람들을 한데 모아 계속해서 성모님을 졸라 댄다면 묵주 기도 수준을 떨어트리는 것입니다.

묵주 기도를 바칠 때마다 다른 무엇보다도 성모님의 마음으로 바쳐 보시기 바랍니다. 한 단 한 단 넘어갈 때마다 각단이 지향하는 예수님의 일생을 곰곰이 묵상하면서 기도를 바쳐 보시기 바랍니다. 지극히 겸손했던 예수님의 마구간 탄생, 정겨웠던 나자렛 성가정에서의 생활, 희망에 찬 출가, 활기찼던 공생활, 연민과 사랑이 가득했던 착한 목자로서의 삶을 묵상하면서 바치시기 바랍니다. 또한 처절했던 십자가 죽음, 영광스러운 부활을 천천히 음미하면서 묵주 기도를 바쳐보시기 바랍니다. 그렇게 묵상과 관상과 더불어 묵주 기도를 바칠 때 거기서 오는 은혜가 큽니다.

묵주 기도를 바치는 동안 우리 내면에 켜켜이 쌓여 있던 번민이나 슬픔, 상처나 고통이 천천히 치유되는 느낌을 받을 것입니다. 묵주 기도 안에서 또 다른 나자렛의 마리아가 되어 정성껏 예수님의 일생을 묵상하다 보면, 하느님의 따뜻한 위로의 손길이 소리 없이 다가오는 것을 느낄 것입니다.

"길을 걷다 보면 산책하면서 묵주 기도를 바치는 사람을 만납니다. 전철이나 버스 안에서 묵주 기도를 바치는 사람도 많습니다. 헬스장에서 러닝 머신 위를 걸으면서 묵주 기도를 바치는 사람도 있습니다. 기도도 하고 운동도 하고 꿩 먹고 알 먹고 하는데, 때로 이건 아니다 싶은 생각이 듭니다. 어떻게 생각하십니까?"

이와 관련해서 교회 안에 좀 웃기는 이야기가 있습니다. 한 교우가 담배를 너무 좋아해서 기도하면서도 담배를 피웠습니다. 그것을 본 주임 신부님이 기도하면서 담배를 피우면 안 된다고 주의를 주었습니다. 그러자 그 교우가 다시 물었습니다. "신부님, 그럼 담배 피우면서 기도하면 됩니까?" 애

매한 질문 앞에 신부님이 엉겁결에 그건 된다고 말씀하셨답니다.

그렇게 생각하니 알쏭달쏭합니다. 운동도 하고 묵주 기도도 하고, 산책도 하고 묵주 기도도 하고, 꿩 먹고 알 먹고, 여러분들 어떻게 생각하십니까? 운동하면서, 산책하면서, 담배 피우면서 기도 안 하는 것보다는 기도하는 것이 더 낫겠죠? 그러나 그렇게 둘을 동시에 할 때 기도에 대한 집중력은 좀 떨어지겠습니다. 기도는 이왕이면 적당한 곳에서 분위기 잡고 집중해서 하는 것이 더 좋을 것입니다.

그럼 하루 온종일 시끌벅적한 시장 안에서 장사하는 교우는 어떻게 해야 합니까? 손님이 없는 한가한 시간에 왁자지껄하고 소란스러운 시장 속이지만, 묵주를 손에 들고 기도한다면 얼마나 아름다운 모습이겠습니까? 그러나 모든 것에는 적정선이 필요하겠습니다. 산책하면서 묵주 기도! 보기 좋은 것 같습니다. 등산하면서 묵주 기도를 바친다! 아주 좋습니다. 그러나 격렬한 테니스 시합을 하면서 묵주 기도? 좀 웃깁니다. 담배를 피운다던지 술 마시면서 기도한다? 굉장히 어색합니다. 미사 강론 중에 묵주 기도를 한다! 그러시면 안 됩니다.

고도의 집중력을 요구하는 위험한 가공 기계를 작동하면서 묵주 기도를 바친다? 절대로 안 되겠습니다. 전철 안에서 묵주 기도를 바친다? 괜찮을 것 같습니다. 그러나 주변 사람들에게 민폐 끼치지 않게 하시면 좋습니다. 조용히 표시 안 나게 소리 없이 바쳐야지, 큰 소리로 기도를 바치면 옆에 앉아 있는 사람이 짜증날 것입니다. 또 어떤 할머니를 보니 전철에서 묵주 기도를 바치는데, 묵주 크기가 엄청납니다. 사명대사 염주만큼 엄청 큰 걸로 보란 듯이 묵주 기도하시면 좀 웃길 것입니다. 다른 사람들에게 방해되지 않게 티 나지 않게 바치시면 좋습니다.

 한 시골 본당 신부님의 묵주 기도 사랑에 큰 존경을 보냅니다. 언제나 본당을 지키며, 틈만 나면 본당 성모상 앞을 서성입니다. 뭐하나 가만히 보면, 이리저리 산책하시며 묵주 기도를 바칩니다. 뒷짐 진 손에는 언제나 묵주가 들려 있습니다. 그런 멋진 신부님의 모습에 본당 신자들뿐 아니라, 성당 옆을 지나가는 비신자들도 큰 감동을 받습니다. 묵주 기도하시는 신부님 모습, 그 자체가 훌륭한 영적 지도요, 전교가 되는 셈입니다. 뿐만 아니라 신부님께서는 짬짬이 묵주를 손수 제작하십니다. 실력이 만만치 않습니다. 모양도 예쁘고 튼튼합니다. 주머니 속에는 언제나 묵주가 수북합니다. 만나는 신자들에게 선물로 주십니다. 신부님은 단 한 번도 신자들에게 묵주 기도 많이 바치라고 강요한 적이 없습니다. 그러나 묵주 기도에 대한 사랑이 극진하신 신부님을 따라 신자들 역시 묵주 기도의 맛에 흠뻑 빠져 살아갑니다.

저희 살레시안들은 저녁 식사가 끝난 후 다들 운동장으로 뛰어나갑니다. 아이들과 어울려 한바탕 신나게 축구 시합을 합니다. 운동 시간이 끝나면 모두의 발길은 자연스레 성모상 앞으로 향합니다. 누군가의 선창으로 천천히 운동장을 걸으면서 묵주 기도를 바칩니다. 살레시안들과 청소년들이 한 무리가 되어 우렁찬 목소리로 묵주 기도를 바치는 모습은 정말이지 장관입니다. 묵주 기도 중에 고해성사가 필요한 아이들은 신부님의 팔을 슬며시 끌어당깁니다. 묵주 기도가 끝날 무렵 모두들 다시 성모상 앞으로 다가가 성모님 성가를 한 곡 부르지요. 마지막 순서로 원장 신부님이 앞으로 나가, 짧지만 따뜻한 밤 인사를 건넵니다. 참으로 행복한 시간이 아닐 수 없습니다. 전 세계 돈보스코 오라토리오마다 똑같이 펼쳐지는 감동적인 저녁 행사입니다. 저희 살레시안들은 성모님께서 당신 사랑의 망토로 공동체와 아이들 모두를 따뜻하게 감싸 주시기를 간절히 청하며 묵주 기도를 바칩니다.

묵주 기도는 수준 낮은 기도가 절대로 아닙니다. 초보 신자만을 위한 기도 역시 아닙니다. 숙제처럼 빨리빨리 해치울 기도도 아닙니다. 잡념 속에 성모송만 되풀이하는 기도도 아닙니다. 보고를 위해 가장 빠르게 끝내야 할 기도도 아납니다. 묵주 기도는 기도 중에 기도입니다. 성모님과 함께 예수님의 일생을 묵상하는 묵상 기도요, 나아가 관상 기도입니다. 입으로는 성모송을 외우면서 정신과 마음으로는 각 단의 신비에 걸맞은 예수님의 생애를 천천히 묵상하는 영적 훈련을 반복해 보시면 좋겠습니다.

교회는 묵주 기도를 할 때 100미터 달리기 시합하듯이 줄줄 외우면서 묵주 알을 세어 나가는 방식의 기도를 지양하라고 가르칩니다. 대신에 묵주 기도를 바치면서 각자 예수님과 성모님 생애의 신비를 직물 짜듯이 짜 나가라고 당부합니다. 성인 성녀들은 다들 성모님을 각별히 사랑하고 공경했습니다. 그 사랑과 공경의 표시로 묵주 기도를 극진히 사랑했습니다.

오상의 성 비오 신부님은 묵주 기도를 얼마나 좋아하셨던지, 주변 사람들은 그를 '살아 있는 묵주'라고 불렀습니다. 살아생전 그는 언제나 묵주를 손에 들고 다녔습니다. 늘 묵주 기도 바치는 모습을 세상 사람들 앞에 공적으로 드러냄으로써 묵주 기도를 전파했습니다. 그는 자신의 영적 지도자에게 이런 편지를 썼습니다. "저와 싸우는 악령의 힘은 엄청납니다. 이 전투에서 가장 효과적인 무기는 바로 묵주 기도입니다."

성모님을 얼마나 사랑했던지 '성모님의 교황'이라는 애칭까지 얻은 성 요한 23세 교황은 묵주 기도에 대한 각별한 애정을 통해 성모님을 향한 사랑을 드러냈습니다. 묵주 기도에 대해서 이렇게 말씀하셨습니다. "묵주 기도는 기도의 최고 수단입니다. 묵주 기도는 주님의 강생과 구원의 드라마를 우리 마음에 제공합니다. 저는 제가 가장 사랑하는 어머니이신 동정 성모 마리아께 매일 저녁마다 묵주 기도를 바칠 것을 약속했고 평생토록 실천했습니다."

"신부님은 어떻게 묵주 기도를 바치시나요?"

저는 요즘 묵주 기도의 맛에 푹 빠져 살아갑니다. 저는 요즘 시골에 있는 피정집에서 살고 있습니다. 묵주 기도 바치기 얼마나 좋은 환경인지 모릅니다. 저는 제가 제일 좋아하는 시간, 좋아하는 장소에서 묵주 기도를 바칩니다. 저녁 식사를 마치고 해질 무렵에 피정집 산책로를 걸으면서 바치는데, 그 맛이 정말 대단합니다. 그러다 보니 성모님, 예수님과 더 가까워지는 느낌이 강하게 듭니다. 성모님과 예수님께서 내 인생에 아주 가까이 동행하고 계심을 실감하게 됩니다.

조금만 천천히 묵주 기도를 바쳐 보시라고 초대합니다. 생각지도 못한 큰 은혜를 받으실 것입니다. 뿐만 아니라 묵주 기도를 억지로 바치지 마셨으면 좋겠습니다. 세상 가장 괴로운 얼굴로 묵주 기도를 바치지 마시길 바랍니다. 더 이상 행복할 수 없다는 얼굴로, 기쁜 마음으로, 신나게 묵주 기도를 바치시면 좋겠습니다.

"하루에 묵주 기도를 얼마나 바치면 좋을까요? 많이 바치면 바칠수록 좋은가요?"

저희 살레시안들 같은 경우 하루에 공동체와 함께 5단은 기본으로 바치라고 규정되어 있습니다. 그래서 저는 그동안 공동체와 함께 하루에 한 번의 신비만 바쳤습니다. 그런데 요즘 곰곰이 생각해 보니 성모님께서 각별히 사랑하시는 사제로서, 하루 5단은 너무 적다는 생각을 하게 되었습니다. 그래서 5단은 공동체와 함께 바칩니다. 그리고 나머지 15단은 따로 개인적으로 바칩니다. 환희의 신비, 빛의 신비, 고통의 신비, 영광의 신비, 네 신비를 다 묵상하면 총 소요 시간은 한 시간 정도가 걸립니다. 매일 네 신비를 다 묵상하면서 묵주 기도를 바치니, 좋은 점이 한두 가지가 아닙니다. 자연스레 하루 한 번 예수님의 일생, 삶과 죽음을 묵상하게 됩니다.

여러분, 묵주 기도의 양에 너무 신경 쓰지 마시기 바랍니다. 하루하루가 정신없이 바쁘신 분들, 하루 5단이면 충분합니다. 조금 여유가 있으신 분, 저처럼 20단을 바치시면 충분합니다. 지병으로 하루 온종일 누워 계시는 분, 좀 더 바치셔도 좋습니다. 언젠가 지상에서의 삶이 다하는 날, 중환자실에 누워 있을 때는 묵주를 손에 꼭 쥐고 있는 것만으로도 충분합니다. 다만 하루 5단을 바치더라도 천천히, 정성껏, 음미하며, 묵상하며, 관상하며, 결국 예수님, 성모님을 사랑하고 그분들과 일치하며 그렇게 묵주 기도를 바쳐 보시기 바랍니다. 참으로 행복한 묵주 기도 시간이 될 것이라고 확신합니다.

"묵주 기도 때 각 단의 신비를 묵상하기보다는 지향만 정해 놓고 바치는데, 의미가 없는 건가요?"

저 같은 경우 때로 지향을 두고 바칠 때도 있지만, 주로 특별한 지향 없이 바칠 때가 더 많습니다. 좋은 시간에 좋은 장소에서 성모님과 함께 산책한다는 마음으로 묵주 기도를 바칩니다. 좋은 사람과 좋은 장소에서 함께 걸어가는 것, 그것보다 더 좋은 기도가 어디 있겠습니까? 필요한 경우에는 지향을 두고 묵주 기도를 바치셔도 됩니다. 그러나 그게 꼭 의무는 아닙니다. 중요한 것은 사랑하는 성모님, 예수님과 함께 묵주 기도를 통해 그분들과 시간을 보내는 것입니다.

"지향을 두고 묵주 기도 바칠 때 어떤 지향을 두면 좋습니까?"

묵주 기도는 지향을 두고 바쳐도 좋지만 지향을 두지 않고 바쳐도 좋습니다. 그리고 지향을 두고 바칠 때 이왕이면 내 작은 이기적인 지향이 아니라 이타적인 지향, 보다 큰 지향을 두고 바쳐야 합니다. 예를 들면 내가 지금 앓고 있는 좌골 신경통이나 관절염은 묵주 기도 지향으로는 적절치 않은 것 같습니다. 병원에 가서 정확한 진단을 받아 치료를 받고, 꾸준히 운동하는 것이 더 중요합니다. 묵주 기도와 편두통을 연결시키지 않으면 좋겠습니다.

그럼 어떤 지향을 두고 기도를 바치면 좋겠습니까? 물론 자녀의 건강과 행복도 좋습니다. 가정 공동체의 성화와 안녕을 위해서도 좋습니다. 그러나 이왕 지향을 두고 묵주 기도를 바치려면 더 큰 지향, 더 교회적 지향이 필요합니다. 성모님께서 여기저기 발현하셔서 이런 지향을 두고 기도를 바쳐 달라고 명백히 말씀하셨습니다. 죄인들의 회개를 위해서 묵주 기도를 바치라고 말씀하셨습니다. 지상의 평화를 위해서 묵주 기도, 전쟁의 종식을 위해서, 각자 고통을 잘 인내하기를 청하면서 묵주 기도를 바쳐 달라고 부탁하셨습니다.

제가 특별한 체험을 했습니다. 성모님의 지향에 따라 큰 지향을 두고 묵주 기도를 드렸습니다. 그랬더니 청하고 싶었던 제 작은 사사로운 지향들은 덤으로 들어주시는 것을 몇 차례나 확인했습니다.

여러분, 묵주 기도 바치실 때 이왕이면 보다 큰 지향, 보다 이타적인 지향, 성모님과 아들 예수님께서 원하시는 지향을 두고 기도해 보시기 바랍니다. 더 나아가 묵주 기도를 하실 때 성모님과 함께 아들 예수님의 인류 구원 여정을 기쁘고 행복한 마음으로 산책한다는 마음으로 바쳐 보시면 좋겠습니다. 지향도 중요하지만, 성모님과 예수님과 함께 시간을 보내는 데 더 큰 가치와 의미를 부여해 보시기 바랍니다.

"꼭 들어주실 것을 확신하며 지향을 두고 간구하며 매일 묵주 기도를 정성껏 3년 가까이 바치고 있습니다. 그럼에도 아무것도 이루어지지 않고 있습니다. 그래도 계속 기도드려야 하나요?"

예언자로서 한평생 삶이 고통의 연속이었던 예레미야는 이렇게 외쳤습니다. "내가 소리 지르며 도움을 청해도 내 기도 소리에 귀를 막아 버리시고 내 길에 마름돌로 담을 쌓으시며 내 앞길을 막아 버리셨네."(애가 3,8-9)

놀랍게도 위대한 우리 신앙 선배들은 기도의 응답 유무

와 상관없이 쉬지 않고 기도했습니다. 있는 힘을 다해 정성을 다 쏟아 기도에 전념했습니다. 그 과정에서 자신의 기도가 지닌 문제점을 발견했습니다. 열심히 기도를 바치는 과정에서 자신이 바치는 기도에 대한 정화와 쇄신 작업이 이루어졌습니다. "아! 내가 지금까지 바친 기도의 지향이 너무나 허황된 것이었구나. 하느님께서 원치 않으시는 것이었구나." 하고 깨달았습니다. 그 결과 하느님의 참뜻이 무엇인지를 알게 되었습니다. 그때부터 기도에 대한 응답 여부보다는 하느님과 나 둘 사이에 오가는 인격적인 만남, 그분과의 진솔한 대화, 일상적인 소통, 그 결과 선물로 다가온 사랑의 삶이 곧 기도의 본질이라는 것을 깨닫게 되었습니다.

기도에 대한 응답은 때로 아주 천천히 아주 조금씩, 때로 한평생에 걸쳐 이루어지기도 합니다. 뿐만 아니라 우리의 기도에 하느님께서는 자주 인간의 사고방식, 논리, 상상을 뛰어넘는 방식으로 응답하십니다. 하느님께 무엇인가를 청할 때마다 우리가 청하는 내용에 대한 진지한 성찰이 필요합니다. 우리가 청하는 모든 것을 하느님께서 하나하나 다 들어주시지 않는다는 것을 잘 알고 있습니다. 어떤 것은 들어주시지만 어떤 것은 절대로 들어주시지 않습니다. 그래서 중요한 것이 우리가 하느님께 바치는 기도에 대한 식별 작업입니다. 우리가 하느님 아버지께 올리는 기도의 내용, 기도의 질,

기도의 순수성이 진정 그분 마음에 드시는 것들인지 아닌지 성찰하고 식별해 가며 기도를 드릴 필요가 있습니다.

여러분도 묵주 기도를 바치면서, 지향을 두고 바쳤는데 응답이 있다 없다를 떠나, 묵주 기도를 통해 성모님과 함께 또 아들 예수님과 함께 행복한 시간을 보낸다고 생각을 전환해 보면 좋겠습니다. 묵주 기도 시간을 즐겨 보시기 바랍니다.

인류 역사 속에서 얼마나 많은 사람들이 응답 없는 기도 앞에서 지쳐 나가떨어졌는지 모릅니다. 사실 그들이 하느님께 간절히 청한 것은 시시한 것, 가벼운 것, 들어주셔도 좋고 안 들어주셔도 좋은 그런 것이 절대 아니었습니다. 그들 입장에서 볼 때 정말 중요한 것, 때로 살고 죽는 문제와 직결되는 것이었습니다. 그래서 밤잠까지 설쳐 가며 짐승처럼 울부짖으며 간절히 매달렸지만 결국 사랑하는 사람은 세상을 떠났고, 아들은 전쟁터에서 전사했습니다. 사업은 참담한 실패로 끝났으며 끝까지 붙들어 보려던 관계는 파경에 이르렀습니다. 그들은 깊은 신뢰심을 갖고 예수님의 이름으로 간절히 매달렸으며, "청하여라, 주실 것이다."라는 예수님의 말씀에 마지막 희망을 걸고 목숨을 다해 간구했습니다. 그러나 현실은 무자비하다 못해 참담했습니다. 하느님이 사랑이시라며, 하느님이 자비와 연민의 하느님이시라며. 어찌 이리

끔찍한 현실에 맞닥트리게 하시는지 정말이지 하느님을 이해할 수 없었습니다.

그래서 "청하여라, 너희에게 주실 것이다."라는 예수님 말씀에 대한 정확한 이해가 필요합니다. 다른 무엇에 앞서 우리가 간절히 청할 것은 하느님의 성령입니다. 선물 중 가장 큰 선물, 은총 중 가장 큰 은총인 성령을 청해야 합니다. 성령을 선물로 받은 사람은 사실 모든 것을 다 받은 것이나 마찬가지입니다. 성령 안에서 살아가는 사람은 세상에서 벌어지는 모든 희로애락, 흥망성쇠를 관대한 마음으로 받아들입니다. 성공도 기쁘게 받아들이지만 실패도 감사하게 받아들입니다. 하느님께서 선물로 주신 건강과 젊음에 행복해하지만 언젠가 주실 병고와 죽음도 기꺼이 수용합니다.

이렇게 보니 우리가 묵주 기도 때 둘 지향 중에 큰 지향 하나는 성령을 청하는 지향입니다. 성령께서 늘 내 안에 굳건히 현존하시고, 성령 안에 하루하루 살게 하시고, 그로 인해 내가 그 어떤 상황도 기쁘게 수용할 수 있는 관대함과 너그러운 마음을 청해야 하겠습니다.

예, 이렇게 오늘 묵주 기도에 대해서 살펴봤습니다. 마무리 말씀을 드릴까 합니다. 많은 분들이 묵주 기도와 관련해서 착각하고 계신 점들이 있습니다. 바빠서 묵주 기도 할 시간이 없다고 하시는데, 큰 착각입니다. 잘 생각해 보십시오.

5단 바치는 데 걸리는 시간은 10분, 15분입니다. 하루에 그 정도 시간 성모님을 위해 예수님을 위해 낼 수 없단 말입니까? 또 어떤 사람은 이렇게 말합니다. '지금은 너무 일이 많으니 나중에 은퇴하면, 좀 더 나이 들면 묵주 기도 열심히 해야지!' 여러분, 이거 다 거짓말이라는 것 아시죠? 지금 기도 안 하시는 분, 나중에 절대로 못합니다. 나이 들면 기력이 쇠하고 병들면 기도하기도 힘들어집니다. 정신도 오락가락하지요. 기도를 하는 건지 잠을 자는 건지 분간도 못합니다. 환희의 신비 1단을 했는데, 또 하고 또 하고…. 한 살이라도 젊을 때, 건강할 때, 총기 있을 때 기도하는 게 좋습니다.

여섯 번째 이야기
성모님 발현

"성모님 발현은 대체 무엇입니까? 발현이 오늘 우리에게 주는 의미는 무엇입니까?"

성모님 발현이란 성모님께서 특정 장소에, 통상적이지 않은 특별한 방법으로 당신의 모습을 드러내시는 현상을 말합니다. 19~20세기는 성모님 발현의 시대라고 해도 과언이 아닐 정도로 많은 장소에 성모님께서 당신 모습을 드러내셨습니다.

우선 1830년 파리에서 시작하십니다. 이어서 1846년 라 살렛트, 1858년 루르드, 1879년 노크, 1917년 파티마 등지에서 성모님께서 발현하셨고, 그 장소들에 대한 신자들의 순례가 이어졌습니다.

"교회 교도권은 성모님 발현을 어떻게 바라봅니까?"

교회는 성모님 발현과 그에 따라 이어지는 순례자들의 기도, 보속 행위, 잦은 고해성사와 성체성사 등 긍정적인 결과를 보고, 성모님 발현과 관련된 신심을 허용하기도 했습니다. 그러나 그런 승인은 상당히 제한적이었습니다. 몇몇 성모님 발현지를 제외하고 다른 많은 곳의 발현이나 사적 계시들에 대한 주장이 거부당했고, 교회는 그곳의 신심 행위를 금지했습니다. 미국 뉴욕 베이사이드나 한국의 나주 같은 경우가 그 대표적 장소입니다.

"성모님의 발현 앞에서 교회는 공식적으로 어떤 태도와 절차를 취하게 되나요?"

성모님 발현 앞에 교회 교도권은, 다시 말해 해당 교구나 교황청은 우선 아주 신중한 태도를 지닙니다. 그리고 아주 천천히 절차를 진행합니다. 발현 후 교회는 타당한 조사를 거친 후에 아주 천천히 순례를 인준하고, 사적 계시 내용에 대한 신중한 검토 후에 관련 신심 행위를 승인합니다. 때로 교회는 루르드의 성녀 베르나데트나 파리의 성녀 가타리나 라부레의 예처럼 시복 시성 절차 과정을 밟음으로써, 발현 목격자들의 품격을 공적을 확인하기도 합니다.

　루르드나 파티마의 성모님 발현처럼 특정 신심이 전 세계에 널리 퍼져 있다 할지라도, 또는 교회 공식 전례력에 포함된 경우라 할지라도, 그 특정한 신심을 보편적으로 강요하지는 않습니다. 다시 말해 루르드에 꼭 가야 한다, 파티마에 꼭 가야 한다고 강조하지 않습니다. 대신 굳이 멀리 가지 않아도 본당 안에서 가정 안에서도 성모 신심을 진작시킬 수 있음을 강조합니다.

　교회는 파리 기적의 메달을 목에 거는 것도 좋지만, 꼭 걸라고 강요하지는 않습니다. 스카풀라를 몸에 지니는 것도 좋지만, 반드시 그렇게 하라고 정해 놓지 않습니다. 루르드 샘물을 마셔도 좋지만 마시지 않아도 괜찮습니다. 각자의 선택에 맡깁니다.

　특히 제2차 바티칸 공의회 문헌의 권고에 우리는 귀를 기울여야 합니다. 성모님을 공경하고 성모 신심을 실천하는 과정에서 결실 없이 지나가는 일시적 감정이나 과장되고 허황된 신심을 배척하라는 말씀을 잊지 말아야 합니다.

"나주 순례를 금지하고 있는데, 그곳이 이단인가요? 그곳에 가면 안 되나요?"

해당 지역 교구장이, 그리고 교황청 산하 신앙교리성에서 정식으로 순례를 금지했습니다. 절대 가시면 안 됩니다. 나주 문제가 부각되면서 1994년 당시 관할 교구였던 광주대교구 윤공희 대주교님은 조사 위원회를 하나 구성했는데, 이름이 좀 깁니다. '나주 윤율리아와 그의 성모상에서 일어나고 있는 현상들과 메시지에 대한 조사 위원회' 위원들은 오랜 기간에 걸쳐 해당 사안에 대해 면밀히 파악하고 조사하고 연구한 끝에, 1998년 윤공희 대주교님의 명의로 교구 공식 공문을 발표했습니다. "나주의 성모님 메시지는 인위적인 요소가 개입되어 진실성이 결여되어 있고, 성체의 기적도 신앙의 진리가 아니며, 여러 가지 기이한 현상들은 하느님으로부터 오는 참된 신앙 현상으로 보기 어렵다. 윤율리아와 그 추종자들은 모든 모임을 금지할 것이며, 신자들은 나주와 관련된 어떠한 모임에도 참가하지 말아야 한다." 이 공문은 아직도 유효합니다.

그러나 나주 윤율리아와 추종자들은 위원회의 조사가 불충분하다며, 교구장의 교도권 행사를 거부하고, 계속 활동하고 있어서 논란이 되고 있습니다. 교도권에 대한 명백한 불순명이요 명백한 이단입니다. 나주 윤율리아와 그 추종자들은 틈만 나면 교황청에서는 자신들을 인정한다며 거짓말을 유포하고 있습니다. 그럴듯한 홈페이지도 만들고 지속적으로 소식을 업데이트하면서 과장된 홍보를 계속하고 있습니다. 그렇다 보니 속사정을 잘 모르는 외국 사제나 수도자들은 비싼 항공료를 지불해 가면서 아직도 그곳을 방문하고 있답니다. 철저하게 이용당하는 것입니다. 인터넷 포털 사이트 창에 '성모님'이라고만 쳤는데도 얼마나 많은 나주 관련 기사들이 넘쳐나는지 모릅니다. 피를 흘리고 피를 토하고, 넘어지고 구르는 끔찍한 사진들이 넘쳐납니다. 너무나 어색하고 불편합니다. 나주 문제에 대해 2008년 교황청 신앙교리성은 공식 서한을 통해 윤 대주교의 조치를 지지한다고 밝혔습니다. 그러니 우리 교우들, 그들의 거짓 가르침에 절대 넘어가서는 안 됩니다.

광주대교구뿐만 아니라 한국의 모든 교구장들은 교구 내 모든 신자들에게 나주를 방문하거나 나주 윤율리아를 추종하며 집회를 주관하는 모든 모임에 참여하는 것을 금한다고 밝혔습니다. 각 교구 주교들도 아직도 나주에 드나드는 가톨릭 신자들을 향해 명백한 불순명이며, 더 이상 가톨릭 신자가 아니라 그리스도교를 빙자한 이설 유포 집단 혹은 이단일 수밖에 없다고 선언했습니다. 모든 이단들이 유사한데, 그들이 보이는 이단적 특징으로 추종자들에게 강조하는 것은 이렇습니다. 재물에 대한 과도한 집착, 한 개인의 우상화와 교주화, 추종자 모집을 위한 질병 치유, 극단적 개인주의 신심 등으로 가톨릭교회 가르침과는 명백히 상반되는 측면을 보입니다.

"여기저기 발현하신 성모님께서 인류에게 건네신 메시지의 양이 엄청나고, 때로 섬뜩하기도 한데, 어떻게 받아들여야 할까요?"

발현하신 성모님께서 건네신 메시지의 내용은 장소마다 조금씩 다른데, 세부적인 내용은 각각의 발현 장소에 대해 다룰 때 말씀드리겠습니다. 전반적으로 발현하신 성모님 메시지의 주요 내용은 대체로 비슷했습니다. 세상의 죄악에 대해 슬퍼하며 죄인들의 회개와 지상의 평화를 위해 끊임없이 기도하고 보속하고 고통을 잘 견뎌 내라는 것입니다. 결국 성모님의 메시지는 성경의 메시지고 복음의 요약입니다. 성모님의 메시지는 아들 예수님의 메시지고, 하느님 아버지의 메시지에서 벗어나지 않습니다. 그래서 우리가 유념할 것은 아직 인준도 받지 않은 곳에서 마구잡이로 발행하는 메시지들, 특히 읽어 보면 너무 섬뜩하고 공포스러운 메시지, 어색하고 납득하기 힘든 메시지는 신경 쓰지 마시고 넘기시기 바랍니다. 성모님의 가르침은 언제나 아들 예수님의 가르침, 아버지 하느님의 가르침을 벗어나지 않는다는 것, 꼭 기억하시면 됩니다.

발현하신 성모님께서는 어디서나 당신이 발현하신 장소에 성당을 지으라고 당부하셨습니다. 이는 무엇을 의미하겠습니까? 성모님 당신이 아니라 하느님의 보다 큰 영광을 드러내시기 위한 메시지입니다.

"성모님 발현지 가운데 교회가 공식적으로 인준한 장소는 어디인가요?"

지금까지 교회에서 인정한 발현지는 다음과 같습니다.

1. 1531년 멕시코 과달루페
2. 1830년 프랑스 파리
3. 1846년 프랑스 라살레트
4. 1858년 프랑스 루르드
5. 1871년 프랑스 퐁맹
6. 1879년 아일랜드 노크
7. 1917년 포르투갈 파티마
8. 1932년 벨기에 보랭
9. 1933년 벨기에 바뇌
10. 1945년 네덜란드 암스테르담

11. 1953년 이탈리아 시라쿠사
12. 1975년 일본 아키타
13. 1976년 베네수엘라 베타니아
14. 1981년 르완다 키베호
15. 1982년 시리아 슈파니에
16. 1994년 볼리비아 코차밤바

각 발현지의 현재 진행 상황은 모두 다릅니다. 루르드나 파티마처럼 해당 지역 교구는 물론 교황청에서 정식으로 인준하고 발현 목격자들이 시성 시복된 곳이 있는가 하면, 해당 교구장의 인준을 받은 곳도 있습니다. 일본 아키타 같은 경우, 지역 교구장이 공인했지만, 교황청의 최종 판결을 기다리고 있습니다. 그때까지 교구는 아키타 성모님에 대한 공경을 표하는 것을 금하지 않는다고 소극적인 승인을 했습니다.

여러 교우분들이 '메주고리예'에 대해서 질문해 주셨습니다. 요즘은 이곳에 대한 공식적인 호칭을 '메주고레'로 통일했습니다.

"성모님께서 메주고레에 정말 발현하셨는지 묻고 싶습니다. 교회가 공식적으로 인정했나요?"
"메주고레에 성모님께서 지금도 계속 발현하셔서 메시지를 주신다고 하는데, 그렇다면 그 메시지에 우리가 더 관심을 가져야 하지 않나 생각하는데, 어떻게 생각하십니까?"

메주고레는 보스니아 헤르체고비나에 위치한 마을입니다. 1981년부터 이곳에서 성모님 발현이 시작되었으며 신자들의 순례가 시작되었습니다. 신자들의 순례가 기하급수적으로 증가하면서, 2010년 베네딕토 16세 교황님은 교황청 산하 '메주고레 현상 조사 위원회'를 구성했습니다. 2018년 프란치스코 교황님은 메주고레 순례자들을 위한 사목적 배려가 필요하다고 여기고, 이곳에 상주 교황 특사를 파견했습니다. 2019년 5월 12일 프란치스코 교황님은 메주고레를 성모 발현지로 정식 인준한 것은 아니지만, 신자들의 순례가 가능하다며 순례에 대해 공식적으로 승인했습니다. 교황 특사로 파견된 호저 대주교의 말을 통해 교회 내에서 메주고레의 현 위치를 참작할 수 있습니다. 2019년 8월 메주고레에서 개최된 젊은이 축제에서 호저 대주교는 이렇게 말했습니다.

"프란치스코 교황님은 메주고레로 들어가는 커다란 문을 여셨습니다. 메주고레는 이 시대 새로운 복음화의 한 모델이 될 수 있습니다. 메주고레는 700명 이상의 사제 성소자를 낳았으며, 이곳을 찾는 많은 이들이 기도를 통해 변모해 각자의 삶의 영역에서 복음을 전하는, 살아 있고 역동적인 장소라는 것을 알아야 합니다."

하지만 호저 대주교는 이런 말을 덧붙였습니다.

"교황청의 입장은 사목적 입장과 교의적 입장이 분명합니다. 발현이 아직 계속되고 있다는 것이 최종 결정의 장애물입니다. 현재로선 발현의 진위 판가름은 교황청 국무원에 달려 있습니다."

보십시오! 가톨릭교회는 발현이라든지, 사적 계시 앞에 굉장히 신중합니다. 그리고 더딥니다. 그곳을 순례하고 신앙에 큰 도움을 받은 신자들은 어서 빨리 교회가 공식 인준을 해 주길 간절히 바라지만, 교회는 언제나 특별한 현상 앞에 절대로 즉각적인 조치를 취하지 않습니다. 천천히 하느님의 뜻을 찾습니다.

"1800년대 유독 프랑스에서 잦은 성모님 발현이 있었고, 교회 당국에서 공식적으로 인정도 받았는데, 특별한 이유가 있을까요?"

성모님께서는 가톨릭교회의 맏딸이라는 영예로운 칭호를 지니고 있던 프랑스 교회의 세속화와 급격한 쇠락을 미리 예견이라도 하신 듯, 여러 차례에 걸쳐 여러 장소에서 발현하셨습니다.

　1830년 파리부터 시작해 1846년에는 라살레트, 1858년 루르드, 1871년 퐁맹에서 당신 모습을 드러내셨습니다. 아시다시피 1789년에는 프랑스 대혁명이 일어났습니다. 혁명의 주동자들은 국교였던 가톨릭을 완전히 파괴하려는 계획을 세웠고 밀고 나갔습니다. 프랑스 교회의 상징 노트르담 대성당이 노리갯감으로 전락하고 훼손되는 수모를 겪었습니다. 성직자 수도자들은 추방되고 살해되었습니다. 이토록 어려운 시절, 고통을 겪고 있던 프랑스에 성모님께서 발현을 시작하셨습니다.

　우선 1830년 파리에서 시작하셨습니다. 1830년 7월 18일 성모님께서는 '성 빈첸시오 아 바오로의 사랑의 딸 수녀회' 청원자 가타리나 라부레(1806-1876)를 선택하셨습니다. 수녀회 총장이나 원장이 아니라 정식으로 서원도 하지 않은 가타리나 라부레를 선택하신 것이 참으로 흥미롭습니다. 발현 당시 24세이던 가타리나 라부레는 키가 좀 컸으며, 과묵했고, 지극히 소박하고 평범한 사람이었습니다. 그러나 신심이 아주 깊은 사람이었고, 성모님에 대한 사랑이 각별했습니다. 1830년 7월 18일 그녀는 하루 일과를 끝내고 침실로 들어갔습니다. 성모님을 한 번 뵈었으면 참 좋겠다는 생각을 안고 잠이 들었습니다. 밤 11시 반쯤 누군가가 자신의 이름을 부르는 소리를 들렸습니다. 당시 청원자들은 공동 침실을 사용했는데, 각 침대마다 개인의 프라이버시를 위해 사방으로 커튼을 쳤습니다. 가타리나 라부레가 일어나 커튼을 살짝 열어 보니, 네댓 살 정도 되어 보이는 아이가 보였는데, 하얀 옷을 입고 있었습니다. 아이가 이렇게 말했습니다.

"빨리 일어나 성당으로 가 보세요. 성모님께서 기다리고 계십니다."

가타리나 라부레가 성당 문을 열자 깜짝 놀랄 일이 벌어졌습니다. 촛불과 등불이 모두 켜져 있어 자정 미사가 있나 생각했습니다. 잠시 후 그 아이가 말했습니다.

"성모님이 오고 계십니다. 여기요!"

제단 계단에 흰옷을 입고 어깨에 푸른 망토와 흰 베일을 걸친 여인께서 서 계셨습니다. 성모님임을 직감한 가타리나 라부레는 단숨에 뛰어가 그분 앞에 무릎을 꿇고 그분 무릎 위에 양손을 올려놓았습니다.

성모님께서는 앞으로 원장 수녀님에게 어떻게 말해야 하는지, 그리고 이야기해서는 안 되는 것들, 앞으로 다가올 고통에 어떻게 대처해야 하는지에 대해서 말씀해 주셨습니다.

"가타리나야, 좋으신 하느님께서는 너에게 중요한 사명 한 가지를 맡기려 하신단다. 그로 인해 너는 많은 시련을 겪을 것이다. 하지만 그게 다 하느님의 영광을 위한 것이라는 생각으로 극복해야 한다. 너는 반대를 받겠지만 결국 은총을 받으리라. 두려워하지 마라. 너는 어떤 것들을 볼 것이다. 너는 기도 중에 영감을 받을 것이다. 그것들을 너의 고해 사제에게 털어놓거라."

성모님의 표정이 걱정으로 가득하셨기에 그에 대해 여쭈었더니 이런 말씀을 이어 가셨습니다.

"얘야, 시기가 무척 안 좋구나. 프랑스는 큰 재난을 당할 것이다. 전 세계가 여러 가지 문제로 인해 큰 격변을 겪을 것이다. 엄청난 위험을 겪을 것이다. 모든 것을 잃은 것처럼 보일 것이다. 그러나 확신을 가져라. 내가 너와 함께 하겠다."

저는 가타리나 라부레에게 건네신 성모님의 메시지를 읽으면서 한 가지 확신을 갖게 되었습니다. 성모님의 메시지는 구약의 예언자들에게, 그리고 나자렛의 마리아에게 건넨 하느님의 메시지와 그리 다르지 않습니다. 성모님의 메시지는 철저하게 성경적이고, 복음적이라는 것입니다. 가타리나 라부레는 자신이 겪은 일을 고해 사제인 알라델 신부에게 말했지만, 신부님은 '얘가 요즘 많이 피곤한가 보구나!' 하면서 대수롭지 않게 넘어갔습니다. 그로부터 넉 달 뒤 11월 27일 오후 5시 반, 공동 묵상 시간에 성모님께서는 가타리나 라부레에게 나타나셨습니다. 성모님께서는 지구본 위에 서 계셨습니다. 다음은 성모님께서 가타리나 라부레에게 하신 말씀입니다.

"네가 지금 보고 있는 이 지구는 전 세계를, 특히 프랑스를, 그리고 각 개인을 상징한단다."

그 순간 타원형의 테두리가 성모님 주변을 감쌌고 그 위로 금색 글씨가 이렇게 쓰여 있었습니다.

"원죄 없이 잉태되신 성모님, 당신께 의탁하는 저희를 위하여 빌어 주소서!"

성모님께서는 가타리나 라부레에게 당부하셨습니다.

"이 모양대로 메달을 만들어라. 이 메달을 목에 거는 사람은 누구나 큰 은총을 받을 것이다. 확신을 갖고 그것을 거는 사람에게는 풍성한 은총이 내릴 것이다."

성모님께서는 가타리나에게 메달의 뒷면을 보여 주셨는데, 거기에는 십자가와 M 자 그리고 두 개의 성심과 열두 개의 별이 새겨 있었습니다.

1830년 12월 가타리나 라부레는 환시 가운데 성모님을 마지막으로 보았습니다. 이번에는 성모님께서 감실 위쪽에서 계셨습니다. 성모님 손에는 여러 개의 보석이 들려져 있었는데, 몇 개가 반짝이지 않았습니다. 거기에 대해서 성모님께서는 이렇게 말씀하셨습니다.

"빛나지 않는 보석은 나와 내 아들 예수님께 은총과 도움을 청하는 것을 잊어버린 사람들을 의미한단다."

그 발현 끝에 성모님께서 이렇게 말씀하셨습니다.

"사랑하는 나의 딸아, 이제부터 너는 더 이상 나를 보지 못할 것이다. 그러나 기도 중에 내 목소리를 듣게 될 것이다."

여기서 우리는 한 가지 큰 교훈을 얻어야만 합니다. 황홀한 환시나 은총 체험은 한두 번으로 그치지 평생 지속되지 않는다는 것입니다. 우리는 하느님께서, 또 성모님께서 우리에게 보여 주신 단 한 번, 혹은 두세 번의 은총 체험을 마음 깊이 간직하고 거듭 회상하고, 현재화하면서 그렇게 살아야 한다는 것입니다.

가타리나 라부레의 성모님 발현에 대해 거듭 부인하던 알라델 신부는 마침내 1832년 파리 대교구장의 승인을 받아 메달을 만들어 보급을 시작했습니다. 2년 만에 메달은 기적의 메달로 알려져 유럽 전역에 보급되었습니다. 메달을 통해 성모님께서 보여 주신 치유와 개종의 사례는 일일이 셀 수가 없을 정도였습니다. 1836년까지 파리와 리옹에서만 600만 개 이상의 메달이 제작·보급되었습니다.

놀라운 사실 한 가지가 있습니다. 성모님과 친밀한 교류를 나눈 수도자 가타리나 라부레는 참으로 겸손했습니다. 성모님 첫 발현 이후 그녀는 46년이라는 긴 세월 동안 소중한 비밀을 홀로 간직했습니다. 그동안 그녀는 파리에 있는 수녀 공동체 병원에서 양로원 병실과 양계장 담당 소임에 충실하며 숨어서 지냈습니다. 교회 당국의 지시에 철저하게 순종한 가타리나 라부레 수녀의 모습은 성모님 발현 목격자로서의 모델이라고 할 수 있습니다. 비밀을 간직하라고 하시니 46년에 걸쳐 비밀을 간직하고 침묵을 지켰습니다.

나주의 경우는 그와 정반대의 모습이 되겠습니다. 지극히 어색한 신심 행위와 메시지들, 피를 흘리고 토하는 사진들을 얼마나 많이 퍼트리는지 참 난감합니다.

성모님 발현 목격자들에게 가장 중요한 것은 순명이고 침묵이고, 겸손입니다. 기적의 메달이 전 세계로 퍼져 나가는 중에도 가타리나 라부레 수녀는 침묵 속에 있었기에 고해 사제 알라델 신부 외에는 그 누구도, 주변의 동료조차도 그녀가 기적의 메달과 관련된 성모님 목격자라는 사실을 알지 못했습니다. 후에 가타리나 라부레 수녀는 자신이 몸담고 있는 공동체의 원장 수녀에게 자신이 그 은혜로운 목격자라고 털어놓았습니다. 충격에 사로잡힌 원장 수녀는 이렇게 말했습니다. "혹시? 하는 생각도 했지만, 저는 전혀 믿지 않았습니다. 그녀의 생활이라는 것이 다른 사람들과 전혀 다를 바가 없었기 때문입니다. 환자를 간호하고, 닭 모이를 주고… 우리와 똑같았기 때문입니다." 가타리나 라부레 수녀는 1947년 7월 27일 비오 12세 교황에 의해 시성되었습니다.

루르드 발현지는 여러분들이 워낙 잘 알고 계시니 건너

뛰겠습니다. 대신에 성모님 발현 목격자 베르나데트(벨라뎃다) 수녀에 대해서 잠깐만 말씀드리겠습니다. 베르나데트 역시 성모님 발현을 목격한 후 참으로 많은 고초를 겪었습니다. 물론 기쁨도 그에 못지않게 컸겠지요. 아시는 바처럼 베르나데트는 나중에 느베르 애덕 수녀회에 입회해 평생 침묵과 기도, 희생과 봉사 속에 수도 생활을 했습니다. 수녀님이 한 번은 자신의 일생을 총정리하며 감사 기도를 바쳤는데, 그 기도 안에는 성모님 발현 목격자로서 어떻게 살아야 하는지 정답이 들어 있습니다.

"성모님께서 제게 발현하심에도 감사드리지만, 발현하지 않으심에도 주님께 감사드립니다. 세상 사람들이 나를 이상한 사람으로 취급하거나, 제가 성모님을 이용해 큰돈을 벌고 있다고 의심함에도 불구하고 주님께 감사드립니다. 기억력이 나빠 아무리 노력해도 암기할 수 없던 제 무지와 어리석음에도 주님께 감사드립니다. 서원식 후 애덕회 수녀가 되었을 때 아버지가 저를 귀여운 딸로서 안아 주시는 대신, 마리아 베르나데트 수녀님이라고 불렀을 때 마음이 아팠음에 대해서도 주님께 감사드립니다. 요세피나 원장 수녀님이 저를 전혀 도움이 되지 않는 존재라고 말씀하신 것, 갖은 폭언과 차별, 굴욕의 방 처벌에 대해서도 주님께 감사드립니다. 세상 사람들이 저를 보고 '이 여자가 정녕 그 베르나데트인가?'라고 말할 정도로 보잘것없는 저라는 것과 마치 희귀한 동물 대하듯 바라본 것에 대해 주님께 감사드립니다. 주님께서 제 눈앞에 나타나실 때도 감사드리지만, 나타나지 않으실 때도 감사드립니다. 언제 어디서나 주님께서 현존하심에 감사드립니다."

1866년 7월 8일 22세 되던 날 베르나데트는 애덕 수녀회 입회합니다. 바로 다음 날 베르나데트는 300여 명 남짓한 애덕 수녀회 수녀님들 앞에 서게 됩니다. 원장 수녀의 부탁으로 수녀들에게 루르드 목격담을 이야기하기 위해 강단에 선 것입니다. 베르나데트는 목격담을 시작하기 전 청중에게 이런 말을 건넸습니다. "루르드 성모님 발현과 관련된 이야기라면 이것이 마지막이라는 전제 조건 하에 시작합니다."

그 후 베르나데트는 평생 애덕 수녀회 수녀원 담 안에 자신을 감추었습니다. 침묵과 기도, 순명과 적극적인 사랑의 봉사 속에 남은 수도 생활을 불태웠습니다. 성모님 발현 목격자로서 참으로 바람직하고 아름다운 처신이 아닐 수 없습니다. 조금이라도 특별한 영적 체험이나 은사를 받은 분들이 계시다면 즉시 베르나데트 성녀를 바라보셔야 합니다. 특별한 은혜, 각별한 사랑에 깊이 감사드려야 합니다. 절대로 여기저기 떠벌이지 말아야 합니다. 우쭐한 마음도 버려야 합니다. 그 특별한 사랑에 보답하는 마음으로 기쁘게 자신의 길을 걸어가야 하며, 더 열심히 이웃 사랑의 실천에 헌신해야 합니다. 너무나 감당하기 힘든 상황이라면 지역 교회 목자이신 주교나 대리자인 본당 신부에게 말하고, 그분들의 말에 절대 순명해야 합니다.

"신비에 가득 싸인 포르투갈 파티마 발현지가 몹시 궁금합니다."

여러 성모님 발현지 가운데 참으로 신비스럽고 특별한 장소가 파티마입니다. 루르드와 더불어 가장 유명한 성모님 발현 성지는 파티마입니다.

열 살이 된 루치아가 사촌동생인 프란치스코와 히야친타와 함께 양 떼를 돌보고 있었습니다. 갑자기 섬광이 두 번 번쩍이더니, 아름다운 여인이 하얗고 눈부신 빛에 둘러싸여 발현하셨습니다. 여인은 "두려워하지 말라, 너희들을 해치지 않을 것이다."라고 말씀하시고 아이들에게 6개월 동안 매달 13일에 그 장소로 나오라고 하셨습니다. 이어서 아이들에게 몇 가지 부탁을 하셨습니다. '자신을 하느님께 봉헌하라. 죄를 보속하라. 죄인들의 회개를 위해 기도하라. 고통을 기꺼이 견뎌 내라.' 그리고 추가로 한 가지 더 부탁하셨는데, 전쟁이 끝나고 평화가 오도록 매일 묵주 기도를 하라고 말씀하셨습니다. 성모님께서는 묵주 기도를 바칠 때 매 신비가 끝난 다음 구원을 비는 기도, 다시 말해 "예수님, 저희 죄를 용서하시며 저희를 지옥 불에서 구하시고 연옥 영혼을 돌보시며 가장 버림받은 영혼을 돌보소서."라는 기도를 바치라고 당부하셨습니다. 결국 후에 세상에 드러났지만, 러시아의 회개와 세상의 평화를 위하여 기도하고 회개하라는 것이 파티마의 성모님께서 주신 메시지의 핵심입니다.

성모님께서는 약속을 지켜 매달 13일에 어린이들에게 나타나셨습니다. 성모님께서 발현하신다는 소문을 듣고 수많은 사람들이 성모님을 보기 위해 몰려들었습니다. 드디어 약속하신 날인 10월 13일이 되었습니다. 발현지에는 약 7만 명의 인파가 몰려들었습니다. 찾아온 사람들 대부분은 농부, 노동자, 시민이었지만 기자들과 학자들도 있었습니다. 성모님께 존경을 표하러 온 사람도 있었지만 단순한 호기심에서 온 사람들도 있었습니다. 비웃고 조롱하기 위해 온 사람들도 있었습니다. 다들 쿵쾅거리는 가슴을 진정시키고 있었습니다.

오전 9시가 되자 비가 장대처럼 쏟아져 순례자들의 옷과 얼굴을 적셨습니다. 사람들은 비를 피하기 위해 우왕좌왕했습니다. 어떤 사제는 아이들에게 거짓말이었다는 고백을 받아 내려고 백방으로 노력하기도 했습니다. 바로 그때 루치아가 외쳤습니다. "성모님께서 오십니다!" 정말이었습니다. 성모님은 눈부신 흰빛에 둘러싸여 발현하셨습니다. 그리고 비가 그치고 태양이 빛나기 시작했습니다. 성모님께서 말씀하셨습니다.

"나는 묵주 기도의 모후이다. 나를 공경하는 뜻으로 이 자리에 성당을 짓기를 바란다. 그리고 매일 묵주 기도를 바쳐라. 인류는 더 이상 하느님의 마음을 아프게 해서는 안 된다. 그분은 이미 너무 많은 상처를 입으셨다."

성모님께서 하늘을 향해 손을 펼치셨는데, 태양이 색색의 빛줄기를 뿜으며 아래에 있는 모든 것들을 갖가지 빛깔로 물들이더니 빙글빙글 돌면서 땅 위로 떨어지려는 듯했습니다. 겁에 질린 사람들은 저마다 외쳤습니다. "이젠 죽었다! 예수님 저희를 구해 주십시오!" "성모님 저희를 구해 주십시오!" 어떤 사람들은 죽기 일보 직전이라고 생각하고 큰 소리로 자신의 죄를 고백하기도 했습니다. 다행히 태양은 땅으로 떨어지지 않고 다시 하늘로 올라가 멈추었습니다. 군중은 안도의 한숨을 내쉬었습니다. 기적은 일어났고 위험은 지나갔습니다. 그 일이 벌어지고 나자 의심했던 사람들도 성모님께서 약속을 지키셨다는 것을 인정해야 했습니다.

훗날 루치아는 가르멜 수녀회에 입회했으며 관할 주교의 명령에 따라 성모님 발현과 천사의 발현에 대한 보고서를 작성했습니다. 파티마에 발현하신 성모님 메시지의 핵심 역시 지극히 교회적이고 복음적입니다. 죄인들의 회개와 전 세계의 평화를 위해 기도하고, 일상 안에서 겪는 모든 고통을 희생으로 봉헌하라는 것입니다. 자주 묵주 기도를 바치고, 전 세계를 성모님의 티 없으신 성심께 봉헌하라는 것입니다. 또한 성모님께서는 첫 번째 주 토요일에 당신을 향한 각별한 신심을 바칠 것을 요청하셨습니다. 이때 미사 영성체, 고해성사, 묵주 기도를 강조하셨습니다.

"발현하신 성모님은 왜 지역마다 모습이 제각각인가요? 혹시라도 발현하신 성모님에게 공통 요소가 있을까요?"

여기저기 발현하신 성모님의 모습이 조금 다르지만 분명 공통적인 요소가 있습니다. 언제나 성모님은 눈부시게 하얀 빛에 둘러싸여 빛나는 흰옷을 입고 나타나셨습니다. 나이는 젊고 아름다운 모습으로 발현하셨고 그것은 아마도 티 없이 깨끗한 마리아의 순결함을 강조한 것으로 여겨집니다. 멕시코 과달루페에 발현하신 성모님은 스페인과 원주민 사이 혼혈의 모습으로 나타나셨습니다. 이는 의미하는 바가 큽니다. 성모님께서는 갈등을 계속하던 침입자 스페인 사람들과 원주민 사이의 화해를 바라시는 의미에서 혼혈의 모습으로 발현하셨습니다.

"발현하신 성모님께서 사용하신 언어는? 말투는 어떠했습니까?"

먼저 발현하신 성모님이 사용하신 언어는, 주로 그 지방 언어를 사용하시는데, 필요한 경우 표준말을 전혀 모르는 시골 아이들을 위해 심한 사투리를 사용하시기도 했습니다. 성모님의 말투는, 절대로 명령형이거나 강압적이지 않았습니다. 언제나 부드러웠고 설득력이 있었습니다. 따뜻하게 안심시키는 목소리였습니다. 그러나 강한 호소력이 있었습니다.

"성모님 발현 장소의 공통점이 있습니까?"

아주 좋은 질문입니다. 파리 기적의 메달 관련 발현만 제외하고 성모님께서는 언제나 고립되고 척박한 땅, 쉽게 접근할 수 없는 장소에서 발현하셨습니다. 마치 당신께서 사셨던 변두리 갈릴래아 나자렛과 같은 장소에서 발현하셨습니다. 성모님께서는 세상의 휘황찬란함과 편안함이 별것 아니라는 것을 발현을 통해 말씀하시는 듯합니다. 성모님께서 발현하신 장소의 시대적 종교적 정치적 상황은, 모두 불신과 신성모독, 반종교 분위기가 팽배한 곳이었습니다.

"성모님께서 발현하신 대상은 어떤 사람들이었습니까?"

성모님 발현의 대상은, 몇 명의 대상자들을 제외하고 성모님께서는 어린이들에게 발현하셨습니다. 어른들 역시 어린이처럼 순박하고 착한 사람들이었습니다. 성모님께서는 왜 어린이들에게만 발현하셨을까요? 왜 주교나 사제, 대 신학자들에게는 발현하지 않으실까요? 사실 당신의 메시지를 알리려고 하신다면 영향력 있는 분에게 나타나시면 더 용이하실 텐데, 성모님은 한사코 어린이들을 선택하셨습니다. 그것도 병약한 시골 소녀나 못 배운 어린이들에게 말입니다. 그 이유를 파악하는 것이 우리에게 남겨진 중요한 과제입니다. 하느님께서는 작은 이들을 사랑하신다는 것, 그래서 하느님께서는 작은 아기로 이 세상에 오셨다는 것, 이런 메시지가 아닐까요? 성모님의 발현 역사를 살펴보면 어려움에 처한 교회와 자녀들을 향한 따뜻한 어머니의 마음이 자리 잡고 있습니다. 교회가 큰 위기에 처할 때 성모님은 발현을 통해 큰 도움을 주셨습니다. 백성들이 갈 길을 잃고 방황할 때 성모님은 발현을 통해 당신 양 떼를 따듯이 품어 안아 주셨습니다. 특별히 성모님께서는 당신 말씀의 전달자로 고관대작이나 명망가가 아니라 작고 가난한 사람들을 선택하셨습니다. 그들을 통해 그때그때 시대에 필요한 메시지를 건네주셔서 교회는 나아갈 길을 선택할 수 있었습니다.

　여기서 우리가 꼭 기억할 것이 한 가지 있습니다. 발현하신 성모님께서 그리스도 신자들에게 전해 주신 메시지는 뭔가 대단하고 특별한 것이 아니었습니다. 발현하신 성모님의 메시지는 곧 아드님이신 예수님께서 선포하신 메시지였습니다. 성모님의 메시지는 곧 예수님께서 제자들에게 건넨 말씀이었습니다. 결국 성모님의 메시지는 복음의 요약이요 가톨릭 정통 교리입니다.　교회가 승인한 성모님 발현 메시지는 절대로 교회의 가르침을 벗어나지 않습니다. 우리의 성모님은 철저하게 교회의 어머니요 예수 그리스도의 어머니이십니다. 그분께서 당신 아들 예수님의 가르침을 거슬러 가면서 발현하시고 활동하지 않으십니다.

　성모님께서 계속해서 지구 도처에 발현하시는 이유가 무엇이겠습니까? 그것은 우리를 하느님께로 다시 돌아서게 하기 위해서입니다. 성모님의 발현은 하느님께 대한 불신으로 가득 찬 우리 마음에 다시금 신앙의 불을 지피기 위한 따뜻한 모성애의 발로입니다. 성모님 발현과 기적 및 메시지는 불신자들을 신앙으로 이끌어 줄 뿐 아니라 그리스도인의 신앙생활에 자극제가 되고 활력을 제공하고 있습니다. 평소에 열심하지 못했던 이들이 루르드나 파티마를 순례한 다음 신앙생활에 활기를 띄고 생활을 개선하는 경우가 많습니다.

1531년 멕시코 과달루페 성모님 발현을 계기로 불과 8년 만에 당시 800만 인구 중에 700만명이 세례, 입교했다는 사실은 하느님께서 비상한 방법으로 당신의 구원 은총을 베푸심을 잘 알 수 있습니다. 성모 발현과 메시지는 하느님께서 당신 교회와 온 세계에 은총을 베푸시는 한 가지 방법입니다.

일곱 번째 이야기

하늘의 여왕이신 성모님

묵주 기도, 영광의 신비 마지막 5단은 어떤 신비를 묵상합니까? "예수님께서 마리아께 천상 모후의 관을 씌워 드림을 묵상합시다."입니다. 일종의 대관식 장면을 묵상합니다. 그리고 부활 삼종기도 첫 구절은 어떻습니까? "하늘의 모후님, 기뻐하소서. 알렐루야. 태중에 모시던 아드님께서, 알렐루야." 보십시오! 여기서도 하늘의 모후가 등장합니다. 성모님 성가 중에 아주 유명한 성가가 있습니다. "하늘의 여왕 되시는 오 마리아!" 또 매일 수도자들은 잠자리에 들기 전에 이런 찬미가를 부릅니다. "여왕이시며 사랑에 넘친 어머니" 보십시오. 하늘의 여왕이신 성모님에 대한 표현이나 이미지가 우리 그리스도인의 생활 속 여기저기 깊숙이 자리 잡고 있습니다. '하늘의 여왕'이란 호칭이 성모님께 드리는 여러 호칭 가운데 그만큼 중요하고 일반화된 호칭이라고 할 수 있습니다.

"헷갈려서 그런데 성모님께 붙이는 호칭 가운데, '하늘의 여왕 성모님'과 '천상의 모후 성모님'은 동일한 호칭인가요? 다른 것인가요?"

라틴어로는 'Regina Caeli'인데, 우리말로 번역하는 과정에서 '하늘의 여왕'으로도 번역되고, '천상의 모후'로도 번역됩니다. '모후'라는 말은 '왕의 어머니', 또는 '여왕'이라는 의미를 지닙니다. 만왕의 왕이신 예수님께서 당신의 인류 구원 사업에 가장 충실히 협조하신 성모님의 머리 위에 빛나는 왕관을 씌워 드린 것을 경축하며 '여왕', '모후'라는 칭호를 붙여 드렸습니다. 개인적으로 '여왕', '모후'라는 호칭은 단순하고 소박하신 성모님, 고향에 계신 우리 어머니 같은 성모님께 그리 잘 어울리는 호칭은 아니라고 생각합니다. 그러나 우리 주님은 언제나 모든 것을 거꾸로 뒤집는 분, 인간의 생각을 초월하는 분이십니다.

마니피캇 찬가의 내용처럼 주님께서는 교만한 자들을 흩어 버리십니다. 권세 있는 자들을 자리에서 내치십니다. 부요한 자들을 빈손 돌려보내십니다. 목에 힘주는 사람들, 잔뜩 폼 잡는 사람들을 바닥으로 내동댕이치십니다. 주님께서는 언제나 한결같은 충실함으로 아들 예수님의 인류 구원 사업에 최선을 다해 협조하신, 지극히 겸손하신 성모님께 큰 축복을 내리시어 '모후', '여왕'이라는 영예로운 칭호를 부여하셨습니다. 우리 성모님은 모후요 여왕이시지만, 사치와 허세가 하늘을 찌르는 모후가 아니십니다. 지극히 인간적인 여왕, 한없이 겸손하신 여왕이십니다. 성모님은 한세상 살아가면서 갖은 고통과 상처로 힘겨워하는 어린양들을 측은지심의 눈빛으로 굽어보시고, 살뜰하고 극진히 챙기시는 봉사의 모후이십니다. 승천하신 성모님께서는 하느님 아버지로부터 천상 모후의 관을 받으신 후에도 한결같이 자애롭고 온유한 모습으로 죄인인 우리 자녀들을 위해 기도하시고 봉사하고 계십니다.

"교회 전례에서 '하늘의 여왕이신 성모님'을 어떻게 기념하고 있는지요?"

교회 전례에서도 '하늘의 여왕'이신 성모님을 기념합니다. 기념일은 8월 15일 성모 승천 대축일과 가깝습니다. 성모 승천 대축일 한 주 뒤인 8월 22일입니다. 1900년에 들어서며 성모님께 '여왕'이란 호칭을 붙여야 드려야 한다는 요청이 많았습니다. 마침내 1953년 원죄 없으신 잉태 교리 규정 100주년을 맞아, 비오 12세 교황은 회칙 'Fulgens Corona'(찬란한 화관)를 발표했습니다. 동시에 1년 동안 성모님 성년을 선포했습니다. 이 회칙을 통해 성모님께서 여왕이심을 선포하고, 해마다 5월 31일에 그 축일을 지내도록 했습니다. 그 뒤 교회 전례력이 개정되면서 성모님을 천상 영광에 연결하는 의미에서 성모 승천 대축일 뒤로 이동시켰습니다. 축일 이름도 '복되신 동정 마리아 모후 기념일'로 바꾸었습니다. 이날 교회는 성모님 승천의 영광을 재확인하면서 성모님께서 세상과 인류 구원의 도구가 되신 것을 기념합니다.

"여왕이신 성모님을 찬미하는 찬가 '살베 레지나'에 대해서 알고 싶습니다."

여왕이신 성모님을 찬미하는 공식 찬가가 네 개가 있습니다. 그 가운데 가장 유명하고, 가장 아름답고, 가장 보편화된 찬가가 라틴어로 살베 레지나Salve Regina입니다. 제가 이탈리아에 있는 저희 수도회 본부에 머물 때였습니다. 복도를 지나치다가 한 연세 지긋하신 선배 살레시오 회원을 만났는데, 그냥 지나치지 않으시고 제게 먼저 인사를 건네셨습니다. 통상 이탈리아에서는 "본조르노!", "차오!" 이렇게 인사하는데, 할아버지는 이렇게 인사하셨습니다. "살베!" 저는 무슨 뜻인지 정확히 몰랐지만, 대충 짐작하고 똑같이 "살베!"라고 인사하고 방으로 돌아와 무슨 뜻인지 알아봤습니다. '살베'는 정중하고 공손한 인사말입니다. '안녕하십니까?' 따라서 '살베 레지나' 하면 '하늘의 여왕이시여! 안녕하십니까?' 혹은 간단하게 '하늘의 여왕이시여!'라고 생각하면 맞습니다. '살베'와 비슷한 말이 있습니다. '아베!', '아베 마리아!' 똑같습니다. '아베 마리아' 하면 '마리아여' 혹은 '마리아 안녕하세요?'라는 의미입니다.

저희 사제나 수도자들은 매일 끝기도가 끝나면 어김없이 이 노래를 부릅니다. 가사가 좀 슬프기도 하고 아름답기도 합니다. "여왕이시며 사랑에 넘친 어머니, 우리의 생명, 기쁨, 희망이시여, 당신 우러러 하와의 그 자손들이 눈물을 흘리며 애원하나이다. 슬픔의 골짜기에서. 귀양살이 끝날 그때 당신의 아드님 우리 주 예수를 뵙게 하소서. 너그러우시고, 자애로우시며 오! 아름다우신 동정 마리아."

'슬픔의 골짜기', '눈물을 흘리며 애원하다', '귀양살이' 같은 표현들이 좀 마음에 걸리지만, 저희 수도자들은 매일 잠자리에 들기 전에 살베 레지나를 노래하면서 성모님께 하루를 맡겨 드리고, 또 도움을 청합니다. 살베 레지나는 성모님을 우리 삶의 여왕Regina, 자비의 어머니Mater misericordiae, 생명Vita, 기쁨Dulcedo, 희망Spes으로 표현합니다. 덧붙여 성모님을 너그러우신 분clemens, 자애로우신 분pia, 부드러우신 분dulcis, 우리의 변호자Advocata로 칭하며 도움을 청하는 것입니다.

"가톨릭교회에서 하늘의 여왕이신 성모님을 공경하듯이 타 종교에도 여신을 공경하는 예가 있나요?"

사례가 있기는 합니다만, 한 가지 차별화되는 것이 있습니다. 우리 가톨릭교회에서는 하늘의 여왕이신 성모님을 존경하고 사랑하고 공경하지만, 타 종교에서는 여신을 숭배한다는 것입니다. 우리는 성모님을 신으로 흠숭하지 않습니다. 신앙인의 모델로서, 구세주의 어머니로서, 탁월한 믿음의 소유자로서 성모님을 사랑하고 존경하고 공경하는 것입니다. 우리가 평소 사랑하고 존경하는 분을 만나면 어떻게 처신합니까? 예를 들어 우리 시대 존경할 만한 사람들 가운데 살아 계신, 프란치스코 교황님 같은 분을 만나면 저절로 고개가 깊이 숙여질 것입니다. 인류 역사에 큰 족적을 남긴 위인들, 성녀 마더 데레사 수녀님 같은 분들의 기념사진 앞에 서면 다들 저절로 깊이 고개를 숙이며 존경을 표하지 않습니까? 그렇다면 우리 신앙의 모델이요, 하늘과 땅의 어머니이신 성모님 앞에 깊이 고개를 숙이고 인사하면서 그분이 남긴 삶의 자취를 나도 따르겠다고 다짐하고 기도하는 것, 얼마나 보기 좋은 모습입니까? 절대로 어색한 일이 아닙니다.

우상 숭배도 아닙니다. 일부 타 종파 신자들이 우리가 성모님 앞에 인사를 하면 우상 숭배니 여신 숭배니 하는데, 절대 그게 아니라는 것을 말해야 합니다.

그럼 이쯤에서 여신을 공경하는 사례로 넘어가 볼까요?

예레미야 예언서를 읽다 보면, 예레미야 예언자와 이스라엘 백성들 사이에 설전을 벌이는 장면이 나오는데, 격렬한 논쟁 가운데 유다인들이 섬기던 여신의 이름이 등장합니다. 그 이름이 묘하게도 '하늘 여왕'이었습니다.

"우리는 우리와 우리 조상들과 임금들과 대신들이, 유다 성읍과 예루살렘 거리에서 했던 대로, 하늘 여왕에게 향을 피우고 그 여신에게 술을 부어 바치겠소. 이제껏 우리는 양식도 넉넉하고 잘 지냈으며 재앙도 겪지 않았소. 그런데 우리가 하늘 여왕에게 향을 피우는 일과 술을 부어 바치는 일을 그치자, 모든 것이 부족해지고 칼과 굶주림으로 망하게 된 것이오."(예레 44,17-18)

또 이런 구절도 나옵니다.

"너는 그들이 유다 성읍들과 예루살렘 거리에서 무슨 짓들을 하는지 보고 있지 않느냐? 하늘 여왕에게 과자를 만들어 바치려고 아이들은 나무를 주워 모으고, 아버지들은 불을 피우며 아낙네들은 밀가루를 반죽하고 있다."(예레 7,17-18)

이 자료들을 통해 우리는 한 가지 사실을 파악할 수 있습니다. 히브리 백성들은 유일신이신 하느님을 떠나 공공연하게 여러 잡신과 우상들을 섬겼는데, 그중에 하나가 '하늘 여왕'이라고 표현된 여신이었습니다. 히브리인들은 하늘 여왕에게 공개된 장소에서 향을 피웠습니다. 술잔을 올렸습니다. 안주로 과자를 만들어 바쳤습니다.

고대 바빌로니아에서도 여신 숭배 사상이 존재했습니다. 여신의 이름은 세미라미스이고, 팔에 아들 담무스를 안고 있는 모습입니다. 그런 모양의 여신 기념비가 여러 장소에서 고르게 발견되는 것으로 보아, 여신 숭배 사상이 널리 퍼져 있었던 것으로 추정됩니다. 바빌로니아 사람들의 생활 반경이 주변 여러 지역으로 퍼져 나가면서 여신 숭배 사상도 함께 널리 퍼져 나갔습니다. 사무엘도 여신의 존재를 언급합니다.

"사무엘이 이스라엘 온 집안에게 말하였다. '여러분이 마음을 다하여 주님께 돌아오려거든, 여러분 가운데에서 낯선 신들과 아스타롯을 치워 버리시오. 여러분의 마음을 주님께만 두고 그분만을 섬기시오. 그러면 그분께서 여러분을 필리스티아인들의 손에서 빼내어 주실 것이오.' 그리하여 이스라엘 자손들은 바알과 아스타롯을 치워 버리고 주님만을 섬겼다."(1사무 7,3-4)

이처럼 그 유명한 '바알신'과 '아스타롯 여신'이 등장하는데, 아스타롯은 바로 '하늘 여왕'이란 뜻입니다. 히브리인들이 섬기던 어머니 여신이었습니다. 아스타롯은 바알과 늘 한 쌍으로 다니는 여신이라고 보면 됩니다.

한편 신약 시대로 넘어와, 여신 숭배는 사도들에게 하나의 큰 도전이었습니다. 에페소 사람들은 '아르테미스'라는 여신을 극진히 숭배했습니다. 그런데 바오로 사도가 여신 숭배에 정면으로 태클을 걸었습니다. 그러자 아르테미스 여신 신당 제작 기술자인 데메트리오스라는 사람이 이렇게 선동합니다.

"여러분, 여러분도 알다시피 우리는 이 직업으로 부유하게 되었습니다. 그런데 저 바오로라는 자가 사람의 손으로 만든 것은 신이 아니라고 하면서, 에페소만이 아니라 거의 온 아시아 지방에 걸쳐 수많은 사람들을 설득하고 유인하였습니다. 그래서 우리의 사업이 나쁜 평판을 받을 뿐만 아니라 위대한 여신 아르테미스 신전도 무시를 당하고 마침내 온 아시아와 온 세상이 숭배하는 이 여신께서 위엄마저 상실하실 위험에 놓였습니다.' 그들은 이 말을 듣고 격분하여 '에페소인들의 아르테미스는 위대하시다!' 하고 외쳤다. 그래서 온 도시가 혼란에 빠졌다."(사도 19,25-29 참조)

보십시오. 당시 여신 숭배 사상은 에페소만이 아니라 아주 넓게 퍼져 있었습니다. 에페소에 건립된 아르테미스 신전은 얼마나 위용이 대단한지 고대 세계 일곱 가지 불가사의 가운데 하나로 손꼽힙니다. 그들은 여신에게 모든 것을 걸었습니다. 여신을 해결사, 생사 운명을 좌지우지하는 초능력의 절대자, 다시 말해 하느님 위치에 올려놓았습니다.

그러나 우리 가톨릭은 그렇지 않습니다. 우리는 성모님을 사랑하고 존경하고 공경하지 여신으로 숭배하지 않습니다. 우리 신앙의 대상, 흠숭의 대상은 예수 그리스도 한 분뿐이십니다. 교회는 성모님께서 지니신 탁월성에 대한 인정이요 존경의 의미로 여왕이라는 타이틀을 부여했습니다. 특별히 성모님의 승천은 아들 예수님의 승천을 따르고, 예수님의 영광을 성모님께서 거울에 비추듯이 다시금 비추는 일이었습니다. 성모님을 여왕으로 모시는 것은 그리스도 왕 예수님을 낳으신 분께서 여왕이 되시는 것이 마땅하다고 여겼기 때문입니다. 또한 하느님의 어머니이신 성모님을 여왕으로 공경하는 것은 바로 하느님의 영광을 간접적으로 드러내는 것이라고 여겼습니다.

"하늘의 여왕이신 성모님 칭호에 대해 유추해 볼 수 있는 성경 내 근거가 어디 있나요?"

베르나르도 성인은 묵시록의 표현을 성모님께 적용했습니다. "하늘에 큰 표징이 나타났습니다. 태양을 입고 발밑에

달을 두고 머리에 열두 개 별로 된 관을 쓴 여인이 나타난 것입니다."(12,1) 네! 바로 성모님의 형상을 유추하고 있다고 여겼습니다.

교회 역사에서 시편 45편 10절도 성모님의 형상을 유추하는 단골 구절로 애용됩니다. "왕비는 오피르의 황금으로 단장하고 당신 오른쪽에 서 있습니다." 어떻습니까? 성모님의 모습이 떠오르시죠? 솔로몬 왕은 황금을 좋아하기로 유명한 왕이었습니다. 해외에서 대량으로 질 좋고 순도 높은 황금을 수입해 와서 예루살렘 성전이나 왕궁을 황금으로 치장하곤 했는데, 오피르는 질 좋은 황금의 주산지라고 보시면 됩니다. 성모님께서 가장 질 좋은 오피르의 황금으로 단장하시고, 다시 말해 더할 나위 없이 아름답게 단장하시고 만왕의 왕 예수님 오른편에 서 계십니다.

루카 복음서에서 가브리엘 천사는 성모님께 당신 아들의 왕권과 관련된 하느님의 말씀을 전합니다.

"그분께서는 큰 인물이 되시고 지극히 높으신 분의 아드님이라 불리실 것이다. 주 하느님께서 그분의 조상 다윗의 왕좌를 그분께 주시어, 그분께서 야곱 집안을 영원히 다스리시리니 그분의 나라는 끝이 없을 것이다."(1,32-33)

또한 엘리사벳은 성모님을 향해 '주님의 어머니'라고 부르며 최고의 존경과 예의를 갖춥니다.

"당신은 여인들 가운데 가장 복되시며 당신 태중의 아기도 복되십니다. 내 주님의 어머니께서 저에게 오시다니 어찌 된 일입니까?"(1,42-43)

이 구절들을 통해 우리는 아들의 왕권으로 인해 성모님 역시 그에 상응하는 위대함과 탁월함을 지니신다는 것을 확인할 수 있습니다.

"성모님에게 하늘의 여왕이라는 호칭을 붙여드리게 된 배경이나 계기가 있을까요?"

성모님께 여왕이란 칭호를 붙이기 시작한 것은 4세기 초 무렵입니다. 나지안주스의 그레고리오 교부의 주도로 본격적으로 시작되었습니다. 같은 시기를 산 에프라임 성인은 이런 기도문을 바쳤습니다. "왕후이시며, 동정이자 여주인이신 분, 여왕이시자, 최고의 여인이시여, 저를 당신 보호 아래 두시고, 사탄으로부터 보호하시고, 원수가 나를 무너뜨릴 수 없도록 당신 권위로 나를 일으켜 주소서!"

에페소 공의회(431년)에서 '하느님의 어머니' 교리가 반포된 후, 여왕이라는 호칭은 더욱 본격적으로 사용되었습니다. 여왕이라는 칭호가 더욱 보편화된 계기가 있었는데, 큰 역할을 하신 분이 바로 비오 12세 교황입니다. 1954년 10월 11일 비오 12세 교황은 성모님의 여왕으로서의 품위를 공증하는 회칙을 발표합니다. 라틴어로 'Ad Caeli Reginam'인데 번역하면 "하늘의 여왕께"입니다. 그 회칙에 따르면, 성모님의 아들이신 예수님께서 이스라엘의 참된 왕이시며, 나아가 하늘나라와 온 우주의 통치자이시므로, 그 어머니이신 성모님 역시 너무나도 당연히 하늘의 여왕으로 불려야 마땅하다고 합니다. 비오 12세 교황은 성모님의 세 가지 측면을 강조합니다. 첫째, 성모님께서는 세상 모든 창조물의 품위를 능가하는 탁월성을 지닌 분이심을 강조합니다. 제르마노 성인의 말씀을 인용합니다. "성모님의 영예와 품위는 모든 창조물을 초월하나이다. 천사들도 당신에 비하면 이인자에 속하나이다." 둘째, 성모님께서는 구원의 효과를 얻게 하는 왕다운 힘을 지닌 분이시라고 설명합니다. 성모님께서는 예수 그리스도 다음으로 탁월함과 완전성에서 최상의 수준에 도달하셨을 뿐 아니라, 당신 아들 예수님께서 행사하시는 왕권에 참여하심을 강조합니다. 셋째, 성모님께서 지닌 중재자의 모습을 제시합니다. 성모님께서는 하느님 아버지의 뜻에 따라 천상천하의 여왕이 되셨으며, 천사들과 모든 성인 성녀의 찬미를 받는 분이심을 강조합니다. 또한 성모님께서는 아들 예수님의 오른편에 앉아 계시는 분으로, 인간이 드리는 기도를 결코 헛되게 하지 않으심을 강조합니다.

한편 비오 12세 교황의 회칙은 성모님께서 여왕이심을 천명하면서도, 엄밀한 의미에서 예수 그리스도만 유일한 왕이시며 왕권을 행사하심을 덧붙입니다. 여왕으로서 성모님의 왕권은 예수 그리스도의 왕권에 종속되고 참여하는 왕권임을 밝힙니다.

베네딕토 16세 교황은 성모님께 하늘과 땅의 여왕이라는 칭호를 드리는 타당성에 대해 이렇게 말했습니다. "성모님께서 겸손한 자세로 하느님 뜻에 순응하여 무조건적으로 받아들임으로써, 하느님은 그녀를 피조물 가운데 가장 총애하셨으며, 그리스도는 그녀에게 하늘과 땅의 모후라는 영예를 주셨습니다."

네, 지금 우리는 하늘의 여왕이신 성모님에 대해서 살펴보고 있습니다. 원래 성모님께서 지니셨던, 단순하고 소박한 어머니의 모습과는 비교·대조되는 '여왕이신 성모님'에 대해 말씀드리니, 살짝 어색하기도 합니다. 그래서 여왕이신 성모님 이미지에 대해서는 우리가 더 고민하고 묵상할 필요가 있다고 생각합니다.

한 피정집에 머물 때의 일입니다. 피정집 주방 자매님을 못 구해서 형제들이 밥을 하느라 쩔쩔매고 있었습니다. 그러면서 저보고 발도 넓으니, 피정집 주방 자매님 한 분 알아봐 달라고 했습니다. 어떤 분을 원하느냐고 물었더니, 이렇게 대답했습니다. "연령은 사오십 대, 음식 솜씨는 기본이고, 교회 기관이니 아무래도 신앙심이나 봉사 정신이 있는 분, 급여에 너무 연연하지 않고, 말씀 많은 분 말고 성격도 좀 밝고 마음씨도 따뜻하고…" 제가 그 말을 듣고 그랬습니다. "딱 성모님이네 성모님! 그런 사람은 이 세상에 없습니다. 성모님이라면 모를까!"

저는 지금 여왕이신 성모님에 대해서 말씀드리고 있습니다. 교회가 성모님께 여왕이라는 어마어마한 칭호를 붙여 드린 이유는 그분이 하느님의 여종으로서 최선을 다하셨기 때문입니다. 성모님의 생애는 가장 모범적인 신앙인의 모습을 우리에게 잘 보여 줍니다. 평생토록 침묵 속에 하느님 아버지의 뜻을 찾으셨고, 계속되는 고통과 십자가 속에서도 기도하고 희망하며 아들 예수님의 인류 구원 사업에 적극 참여하셨습니다. 이것이 여왕이 되신 이유입니다.

"예수님의 왕권과 성모님의 왕권 사이에는 어떤 관계가 있나요?"

1925년 비오 11세 교황은 '그리스도 왕 대축일'을 기념하고 경축할 것을 요청했습니다. 그리스도 왕 대축일을 제정한 이유가 있었습니다. 당시 전 세계 상황이 아주 안 좋았습니다. 대외적으로는 극단적 국가주의, 민족주의가 확산되면서 대대적인 전쟁의 위협이 커져 갔습니다. 세속주의와 반교회주의가 교회를 압박했습니다. 이토록 위중한 상황에 비오 11세 교황은 'Quas Primas', 우리말로 "첫째의 것"이라는 회칙을 반포하며, 온 세상의 왕인 예수 그리스도의 영광을 성대히 기리는 축일을 제정했는데, 바로 '그리스도 왕 대축일'입니다.

그리스도 왕 대축일 제정은 자연스레 성모님에게도 영향을 미쳤습니다. 예수님께 '그리스도 왕' 호칭을 부여한 것처럼 성모님께도 합당한, 여왕이라는 호칭을 부여해야 한다는 요청이 생겼습니다. 마침내 1954년 비오 12세 교황은 성모님께서 하늘의 여왕이심을 온 세상에 선포했습니다. 다만, 여왕이신 성모님의 성경적 기초는 파스카 신비, 예수님의 죽음과 부활, 그리고 승천으로 이어지는 그리스도의 왕권에서 비롯됨을 밝힙니다. 빌라도에게 심문을 당하시는 과정에서 예수님께서는 당신 왕권의 특수성을 밝히십니다. "내 나라는 이 세상에 속하지 않는다."(요한 18,36) 예수님께서는 지상 왕권을 꿈꾸는 제자들을 향해 명백히 그게 아님을 밝히십니다. "사람의 아들도 섬김을 받으러 온 것이 아니라 섬기러 왔고, 또 많은 이들의 몸값으로 자기 목숨을 바치러 왔다."(마태 20,28)

마찬가지로 여왕이신 성모님께서 행사하실 왕권은 사랑과 봉사의 왕권이지 권력의 남용이나 압제의 도구가 결코 아닙니다. 아들 예수님의 왕권이 사랑과 봉사의 왕권이듯 성모님의 여왕권 역시 사랑과 봉사의 왕권입니다. 지상 생활 가운데 성모님은 항상 겸손한 주님의 종이었습니다. 성모님은 당신 아드님과 그 사업에 온전히 헌신하셨습니다. 예수님과 함께 그리고 그분

아래서 성모님은 구원의 신비에 봉사하셨습니다. 하늘로 불림을 받으신 이후에도 성모님은 우리를 위해 하느님께 중재 역할을 수행하심으로써 사랑과 봉사를 계속 표현하고 계십니다. 결국 우리 교회는 다음과 같은 이유로 성모님을 하늘의 여왕으로 섬깁니다.

- 성모님은 메시아 왕이신 천주 성자의 어머니이십니다.
- 성모님은 구세주의 동반자이십니다.
- 성모님은 그리스도의 완전한 제자이십니다.
- 성모님은 교회의 가장 뛰어난 지체이십니다.
- 따라서 하늘의 여왕으로서 가장 적격인 분이십니다.

예수님의 왕권은 절대적 왕권이지만, 성모님의 왕권은 아들 예수님께 종속된 왕권입니다.

"가톨릭교회에서 성모님을 '모후, 하늘의 여왕'이라고 부르는 것에 대해 개신교 신자들은 그게 여신 숭배나 우상 숭배와 뭐가 다르냐고 지적하는데, 이 부분에 대해 어떻게 설명을 해야 할까요? 또 우리 가톨릭 신자들이 이러한 질문 앞에서 진지하게 성찰할 부분이 있을까요?"

성모님에 대한 올바른 공경이 이루어지기 위해서는 성모님 공경과 관련해 지난 교회 역사에서 그릇된 부분이나 과도한 부분에 대해 세심하게 살펴보고 평가를 내리는 것은 건강한 신앙인이 되기 위해 꼭 필요한 노력이라고 생각합니다. 하늘의 여왕이신 성모님과 관련해서 과거 교회 역사를 살짝 살펴보겠습니다.

초세기부터 7세기에 이르기까지 성모 신심, 성모님의 대한 공경은 그 중심에 하느님의 어머니이신 성모님의 성덕에 대한 칭송, 그리고 아들 예수님을 중심에 두었습니다. 성모님은 메시아 예수님을 낳은 분이지만, 동시에 하느님 말씀에 충실한 참신앙인의 모범으로서 어머니 모습이 많이 강조되었습니다. 다시 말해 아주 복음적이고 성숙하면서도, 적절하고도 바람직한 성모님 공경과 신심이 이루어지고 있었습니다.

그러나 세월이 흐르면서 성모님의 역할, 능력, 입지가 조금씩 강화되기 시작했습니다. 특히 7세기 이후에는 천상의 모후, 하늘의 여왕으로서 성모님 역할이 지나치게 강조되었습니다. 따라서 여왕으로서 성모님의 탁월한 능력과 전구에 의지하는 경향을 띠게 되었습니다. 특히 베르나르도 성인은 중세 교회 성모님 신심의 일인자로서 구약의 많은 상징과 비유를 성모님께 적용하면서 성모님의 지위와 성덕을 한껏 드높였습니다. 성모님은 당신 아들 예수님께 죄인들을 위해 빌고, 아들 예수님은 어머니의 청을 듣고, 마침내 성부는 성자의 기도를 들으신다는 것이 공식적인 법칙이었습니다. 또 한 가지 중세의 성모님 공경에서 두드러진 측면은, 성모님께서 전지전능한 천상천하의 모후로서 악마와 천사의 투쟁에 개입하시는 분으로 묘사되었다는 점입니다. 전쟁이나 천재지변, 전염병에서 인간을 보호하는 분으로 인식되었습니다. 하느님의 자비와 도움을 얻는 가장 효과적인 방법은 기도와 성사, 자선 행위와 통회이지만, 여왕이신 성모님의 도움은 그 무엇보다도 중요했습니다.

이러한 분위기는 아무래도 당시 절박하고 어려운 시대 상황을 반영하는 현상으로 여겨집니다. 계속되는 전쟁과 전염병, 가난과 기근 앞에서 방황하던 그리스도인들이 자연스럽게 자상한 어머니요 능력에 찬 여왕이신 성모님께 의지한 측면의 반영이라고 할 수 있겠습니다.

이렇게 교회 역사에서 성모님의 능력에 대한 기대치는 어느 순간 정점에 도달합니다. 승천 이후 성모님은 천상뿐만 아니라 천하, 다시 말해 천상천하의 여왕으로 자리매김하며 여왕으로서 영원한 임금이신 예수님의 권능에 동참합니다. 예수님은 성모님의 순종으로 이 세상에 오셨고 그분 품안에서 성장하셨으며, 천상에서도 성모님의 영향력은 무제한적이라는 것입니다. 마치 봉건 왕국에서 그런 것처럼 천국에서도 왕뿐만 아니라 모후도 신하들에게 영향력을 발휘함으로써, 그리스도 신자들은 예수님의 신하일 뿐 아니라 성모님의 군사라는 것을 강조했습니다. 그리고 마침내 성모님을 예수님의 은총을 백성들에게 전달할 뿐 아니라 자력으로 은총을 베풀기까지 하는 분으로 여겼습니다. 성모님은 영광을 누리는 그리스도와 함께 천상 모후 자리에 앉아 세상을 다스리시고, 당신께 부르짖는 모든 이들에게 구원을 베풀어 주시므로, 누구나 성모님을 통하지 않고는 천국에 들어갈 수 없다고 생각했습니다.

중세 말 하늘의 여왕이신 성모님과 관련된 성모님 공경 안에서 진지하게 성찰하고 숙고하면서 조심스럽게 바라봐야 할 부분이 있습니다. 성모님의 능력이 지나치게 과장되면서 교회의 공식적이고 일반적인 가르침에서 점점 멀어졌다는 것입니다. 복음서에서 나자렛 마리아가 보여 준 겸손과 순종, 가난하고 작은 여종의 모습은 축소되고 위풍당당한 천상 모후로서의 모습이 지나치게 강조되었습니다. 영광 속에 있는 아름답고 찬란한 여왕으로서 온 우주에 당신의 능력과 힘을 미치는 교회의 여왕, 여주인의 모습이 두드러졌습니다.

성모님 공경과 관련한 과도한 중세 교회의 경향은 종교 개혁과 교회 자체적 성찰 작업을 거치면서 조금씩 완화되기도 했습니다. 과도하거나 남용되거나 비합리적이거나 미신적인 마리아 신심에 대한 경고와 비판으로 이어졌습니다. 성모님께서 예수님을 능가하는 분이 절대 아님을 우리는 기억해야 합니다. 성모님은 왕이신 예수님의 노선을 철저히 따르는 여왕, 종속된 여왕이라는 사실을 잊지 말아야 합니다.

여덟 번째 이야기

성모님을 사랑한 사람들

제가 이십 대 시절의 일입니다. 벌써 36년 세월이 흘렀네요! 1984년에 여의도 광장에서 103위 한국 순교 성인들 시성식이 있었습니다. 저는 그때 경남 거제에서 '산업의 역군'으로 열심히 일하고 있었습니다. 동시에 작은 시골 본당에서 나름 신심 깊은 청년으로 활동하고 있었습니다. 시성식 당일 새벽, 저는 본당에서 대절한 관광버스를 타고 밤새 달려, 여의도에 도착했습니다. 어마어마한 인파가 모였고, 성 요한 바오로 2세 교황님 주례로 시성식이 거행되었습니다. 그날 제가 받은 감동이 얼마나 컸던지 저는 돌아가는 버스 안에서 결심을 했습니다. '나도 성인이 되어야겠다. 특별히 순교 성인이 되어야겠다.' 그런데 막상 현실로 들어가니 쉬운 일이 아니었습니다. 직장 생활, 본당 활동을 하면서 '저는 어디 순교할 기회가 없나?' 하고 눈에 불을 켜고 찾아다녔습니다.

그런데 안타깝게도 아무리 눈을 씻고 찾아봐도 순교의 기회는 찾을 수 없었습니다. 그때 저는 크게 한탄했습니다. "아! 나는 왜 하필 기해박해나 병인박해 때 태어나지 않았나?"

몇 년 뒤 저는 살레시오회에 입회했는데, 저하고 똑같은 생각을 한 성인이 있다는 것을 알고 깜짝 놀랐습니다. 돈보스코의 제자 가운데 도미니코 사비오라는 소년이 있었는데, 그가 얼마나 신심이 깊었으면 열다섯 소년의 유일한 꿈이 성인이 되는 것이었습니다. 그분의 모토가 대단했습니다. "죄보다는 죽음을!" 워낙 거룩하게 살다 보니 돈보스코 오라토리오 안에 질 나쁜 친구들의 단골 놀림감이었습니다. 그래도 그는 위축되지 않고 친구들의 회개를 위해 기도했습니다. 열다섯 살 소년이 기숙사에서 나름대로 성인이 되기 위해 발버둥 쳤습니다. 별로 먹을 것도 없는 기숙사 식사였는데, 사비오는 주님의 수난을 생각하며 단식했습니다.

미사가 끝나고 나면 다른 아이들은 재빨리 식당으로 달려가는데, 사비오는 성당에 남아 오래도록 성체 조배를 했습니다. 그러다 보니 사비오는 삐쩍 말라 갔고, 건강 상태도 악화되었습니다. 그 모습을 본 돈보스코가 그를 불러 이렇게 타일렀습니다. "사비오! 네 마음, 내가 잘 안다. 그런데 성인이 되는 아주 쉬운 길도 많은데, 너는 왜 굳이 힘든 길로 가려고 하니? 내가 아주 간단하게 성인이 되는 길을 가르쳐 주마!" "딱 세 가지란다!

첫째 기쁘게 지낼 것, 둘째 교회의 성사 생활에 적극적으로 참여할 것, 셋째 자신에게 맡겨진 의무에 충실할 것이란다." 사비오가 "그게 다예요?" 하자, 돈보스코는 "물론 그게 다란다!"라고 답했습니다. 사비오를 비롯한 돈보스코의 아이들은 '별것 아니네!' 하면서 그 간단한 성화의 길에 앞다퉈 뛰어들었습니다. 그 첫 번째 결실이 도미니코 사비오 성인입니다. 사비오 성인의 뒤를 이어 미카엘 마고네도 성인의 길에 참여했습니다. 프란치스코 베수코도 뒤를 따랐습니다. 수많은 성인 후보자들이 줄을 이었습니다.

저는 요즘 성인 성녀에게 각별한 감사의 마음을 지니고 있습니다. 그분들은 우리에게 하느님께로 나아가는 구체적인 길을 친절하게 가르쳐 주기 때문입니다. 그들의 생애는 우리가 예수 그리스도의 제자로서 거룩하고 충만한 삶을 살도록 자극하기 때문입니다. 그들은 삶 자체로 우리에게 아주 좋은 성덕의 이정표가 되어 주기 때문입니다.

저는 개인적으로 성인전을 참 많이 읽습니다. 아무도 찾지 않는, 그래서 꽤나 호젓하고 음산하기까지 한 수도원 도서관에서, 오래된 책 냄새와 함께 성인들의 향기를 맡는 것은 제게 있어 큰 기쁨입니다. 한 분 한 분 만날 때마다 각별한 기쁨과 감동을 맛보았습니다. 성인전을 읽으면서 크게 느낀 점 한 가지가 있습니다. 그들도 우리와 별반 다를 바 없는 나약한 인간이며 부족함투성이라는 것입니다. 그들도 우리처럼 인간적 미성숙을 안고 자기와의 기나긴 투쟁을 계속했다는 것입니다. 성인들은 우리가 생각하는 것처럼 그렇게 대단한 사람들이 아닙니다. 우리와 완전 동떨어진 별세계 사람도 아닙니다. 우리가 감히 범접하지 못할 정도로 엄청난 사람들도 아닙니다. 대신에 그들은 우리보다 조금 더 기도에 집중한 사람들, 그래서 우리보다 조금 더 하느님 중심의 삶을 산 사람들입니다. 우리보다 조금 더 긴 호흡을 지녔던 사람, 우리보다 조금 더 넓은 안목으로 세상을 바라봤던 사람들입니다. 우리보다 조금 더 겸손했고, 우리보다 조금 더 따뜻한 인간미를 지녔던 사람들입니다.

　물론 어떤 성인전을 읽다 보면, 성인의 생애를 과대 포장한다든지, 터무니없을 정도로 기적의 연속이어서, 조금 웃기기도 하지만, 한 분 한 분 만날 때마다 각별한 기쁨과 감동을 맛보았습니다. 그런데 성인전 읽으면서 또 한 가지 느낀 것이 성인 성녀치고 성모님 사랑이 각별하지 않은, 성모 신심이 탁월하지 않은 분이 없었다는 것입니다. 이것은 무엇을 의미하는 것일까요? 성모님은 성인이 되는 길, 성화의 길에 아주 좋은 모범이요 길잡이가 되어 주시는 분이라는 것입니다. 혹시라도 성인 성녀 되는 것이 희망 사항이신 분, 성화의 길을 걷고 싶은 분이 계신다면 방법은 너무 쉽습니다. 성모님을 바라보는 것입니다. 성모님을 이정표로 삼는 것입니다. 성모님의 덕행을 본받는 것입니다.

"제2차 바티칸 공의회 교부들, 그리고 프란치스코 교황님께서 성덕의 보편성을 강조하셨는데, 그 부분에 대해서 좀 설명해 주시면 감사하겠습니다."

성덕의 보편성이란, 간단히 말해 성인이 되는 길이 그리 어렵지 않다는, 누구에게나 활짝 열려 있다는 말입니다. 성인이 되는 길은 특별한 사람들, 예를 들면 성직자나 수도자, 봉헌 생활자들, 엄청나게 대단한 하느님 사업을 수행한 사람들에만 국한되지 않고, 세상 모든 사람들에게 활짝 열려 있다는 것입니다. 사실 지난 교회 역사 속에서 성화聖化의 길, 성인聖人의 길은 대체로 성직자나 수도자에게나 해당되는 것으로 여겨졌습니다. 그러나 세월이 흐르면서 성화에 대한 교회의 가르침은 점점 폭 넓어졌고, 보편화되었습니다. 더 이상 성화의 길은 성직자 수도자만의 전유물이 아니라 세상 모든 그리스도인에게 해당된다고 교회는 강조합니다. 각자 살아가는 삶의 환경과 처지 안에서 자신에게 주어진 역할에 충실하면서 고통과 환난 속에서도 꿋꿋하고 당당히 기쁘게 살아가면 성인이 될 수 있다고 교회는 가르칩니다. 성덕의 보편성에 대한 강조는 성경에서 그 뿌리를 찾아볼 수 있습니다. "나, 주 너희 하느님이 거룩하니 너희도 거룩한 사람이 되어야 한다."(레위 19,2) "하늘의 너희 아버지께서 완전하신 것처럼 너희도 완전한 사람이 되어야 한다."(마태 5,48) 그 흐름은 제2차 바티칸 공의회에서도 그대로 이어집니다. 「교회 헌장」 에서는 성덕에 대한 보편성을 결연히 강조하면서, 이 세상 그 누 구도 성화의 길에서 배제되지 않음을 선포하였습니다.

이런 성덕의 보편성에 대해 일찌감치 강조한 선구자적 성인 이 한 분 계십니다. 성 프란치스코 드 살(1567-1622)입니다. 프란 치스코 살레시오라고도 합니다. 그가 살던 시대의 일반 평신도 들은 성인이 되는 것에 대해 아예 꿈도 꾸지 못했습니다. 그런데 그는 "그게 무슨 얼토당토않은 말이냐?"며 그 유명한 「신심 생 활 입문」을 통해 크게 반박하며 이렇게 외쳤습니다.

"신심생활이 군인들의 막사, 직공들의 공장, 제왕의 궁정, 결 혼한 이들의 가정에 존재할 수 없다고 하는 것은 잘못된 가르침 이며 이단 교설입니다. 세상 안에서 생활하는 사람을 완덕으로 인도하는 신심의 방법은 얼마든지 있습니다."

"모두가 다 성전에서 봉사하기만을 원한다면 누가 농사를 짓겠습니까? 모두가 다 봉쇄 수도원에서 하느님만 찾는다면 누 가 적군으로부터 성벽을 지키겠습니까? 농부는 자신이 하루를 보내는 밭에서 하느님을 찾아야 합니다. 기술자는 자신의 기술 을 마음껏 발휘하는 현장에서 성화의 길을 찾아야 합니다. 가 정주부는 가사 일에 충실함을 통해 성화에로 한걸음씩 나아가 야 합니다."

이러한 프란치스코 살레시오 성인의 구원과 성화의 보편성과 다양성에 대한 가르침은 참으로 혁신적이었습니다. 성인의 가르침은 약 4세기 후에 제2차 바티칸 공의회에서 천명할 성성에의 보편성과 성화 및 영성의 다양성 교의를 미리 밝힌 것입니다. 살아생전 프란치스코 드 살 주교님의 매력과 명성은 대단했습니다. 준수한 외모와 다정다감한 성품의 소유자, 감동적인 설교가인 그를 남녀노소 모든 사람들이 흠모하고 존경했습니다. 특히 당대 여성들 사이에서 인기가 하늘을 찔렀습니다. 그가 사람들 사이에서 이야기할 때 여인들은 마치 해바라기가 태양을 바라보듯이 그를 둘러쌌습니다. 그중 한 명이 요안나 프란치스카 드 샹탈 성녀입니다. 당시 만남이 얼마나 강렬했던지 그녀는 나중에 이렇게 기록했습니다.

"나는 그분에게서 눈을 뗄 수 없었습니다. 그분의 거룩한 말씀과 행동은 나를 감동의 도가니로 몰고 갔습니다. 나는 그분 곁에 있는 것보다 더 큰 행복은 아무것도 없다는 생각이 들었습니다. 제 처지가 허락된다면 그분의 몸종이라도 되고 싶었습니다."

이토록 온유하고 사랑 넘치는 성인, 품격 있고 매력적인 성인 프란치스코 살레시오 주교님이었지만, 그의 전기를 읽다 보면 오늘 우리에게 큰 위안을 주는 대목이 있습니다. 그 역시 태어날 때부터 성인이 아니었다는 것입니다. 그 역시 한때 성격이 급했으며, 신앙 역시 흔들림이 있었습니다. 그러나 그는 매일 꾸준히 노력했습니다. 성덕의 정상에 도달하기까지 넘어지고 또 넘어짐을 반복했습니다. 그리고 마침내 그 어떤 유혹과 고통 앞에서도 흔들리지 않는 성인, 세상 모든 사람들을 따뜻이 품어 안을 수 있는 대성인으로 거듭났습니다. 그의 신앙 여정에서 매일 조금씩 조금씩 앞으로 나아가는 점진성漸進性을 눈여겨봐야 하겠습니다.

우리 모두 참으로 부족하고 나약한 인간 존재임이 분명합니다. 그러나 결핍투성이인 우리 내면은 놀랍게도 숱한 가능성으로 충만합니다. 부족한 우리지만 노력하고 또 노력하면 하느님 가까이 나아갈 수 있습니다. 다시 말해 하느님화, 제2의 그리스도화, 성화聖化가 가능한 것입니다.

성 요한 바오로 2세 교황은 재위 기간 동안 모두 1,354명을 복자품에, 438명을 성인품에 올렸습니다. 이런 상황을 눈여겨본 세상 사람들 사이에서는 '성인품에 오르기 위해서는 성 요한 바오로 2세 교황님이 살아 계실 때 빨리 죽어야 한다.'는 농담까지 떠돌 정도였습니다. 성 요한 바오로 2세 교황도 성성聖性의 보편성을 만천하에 선포한 것입니다. 그때 복자품과 성인품에 오른 사람들 가운데는 평신도나 기혼자도 많았습니다. 성 요한 바오로 2세 교황의 업적 가운데 하나는 성화의 여정이 더 이상 성직자나 수도자의 전유물이 아님을 명백히 한 것입니다. 아주 평범한 가운데서도, 정말 열악한 환경 속에서도 충분히 성인이 될 수 있음을 수많은 시복 시성을 통해 강조한 것입니다. 모든 하느님 백성들을 향해 누구나 성인이 될 가능성이 활짝 열려 있다고 말한 것입니다.

프란치스코 교황님은 전 세계 모든 그리스도인들에게 보낸 성덕에로의 초대장인 사도적 권고 「기뻐하고 즐거워하여라」 Gaudete et Exsultate에서 '당신도 성인이 될 수 있습니다.'라고 강조합니다. 교황님이 반복해서 강조하는 내용이 있더군요. 성덕聖德이란 소수의 특별한 사람들에게만 해당하는 것이 아니라, 세상 모든 사람들에게 활짝 열려 있는 부르심이라는 것입니다. 이러한 우리 가톨릭교회의 가르침은 얼마나 고맙고 은혜로운 것인지 모릅니다. 강조점은 이것입니다. "오직 하느님만이 위대하시지만 우리 인간도 위대합니다. 우리가 그분을 떠나지 않을 때, 그분께서 우리 안에 현존하실 때, 그분께서 우리 안에서 점점 커지고 내가 작아질 때 우리 역시 신적인 존재가 됩니다. 그때 신적인 품위의 찬란함이 우리의 것이 됩니다."

한없이 부족하고 나약한 존재인 우리 인간이지만 노력하고 또 노력하면 우리 역시 하느님을 향해 발돋움 할 수 있다는 것, 그분께 가까이 다가설 수 있다는 것, 그분과 혼연일체, 일심동체가 될 수 있다는 것, 결국 성화될 수 있다는 것, 정말 대단하지 않습니까? 프란치스코 교황은 '옆집에 사는 성인들', '담 너머 성인들'이라는 표현까지 쓰십니다. 그렇다면 성인의 길은 오늘 우리에게도 활짝 열려 있는 것입니다. 그렇게 생각하니 제 주변에도 성인 성녀 후보자들, 살아 있는 성인 성녀가 널려 있습니다. 그들은 어떤 사람일까요? 아마 이런 사람이지 않을까 싶습니다. 보면 볼수록 더 보고 싶은 사람, 아무리 세월이 흘러도 좋은 기억으로 남아 있는 사람, 생각만 해도 마음이 따뜻해지는 사람, 아마 이 시대 성인은 그런 사람이 아닐까 싶습니다. 거기에 조금 더 보탠다면 가장 큰 사랑으로 사소한 일상을 정성껏 살아가는 사람, 작고 보잘것없는 피조물 안에 깃든 하느님의 손길을 찾는 사람, 내게 호의적이지 않은 상황 속에서도 환한 얼굴로 살아가는 사람이 곧 오늘의 성인일 것입니다.

"성인 성녀가 되기 위해서는 길고도 긴 여정과 오랜 세월이 필요하다는 말을 들었습니다. 대략 어떤 과정과 절차가 필요하나요?"

성인 성녀가 되는 길은 쉬울 수도 있고, 어려울 수도 있습니다. 성 요한 바오로 2세 교황이나 성녀 마더 데레사 수녀처럼 매우 빠르게 시복 시성 절차가 진행되기도 하지만, 엄청 오랜 세월이 필요하기도 합니다. 몇 십 년 몇 백 년이 걸리기도 합니다. 성 요한 바오로 2세 교황의 경우 2005년에 선종하셨는데, 6년 뒤인 2011년 시복, 9년 뒤인 2014년 시성되었습니다. 불과 10년도 되지 않아 성인이 된 것입니다. 성녀 마더 데레사 수녀의 경우는

1997년 선종, 6년 뒤 2003년 시복, 19년 뒤 2016년 시성되었습니다. 성 요한 바오로 2세 교황보다는 조금 더 걸렸지만 20년이 채 안 걸렸습니다. 그러나 이런 경우는 특별합니다. 통상적으로 오래 걸립니다. 과정도 복잡하고 준비해야.할 서류도 엄청납니다.

일단 성인 후보자는 두 부류입니다. 첫 번째로 그리스도교 신자로서 순교를 한 사람입니다. 두 번째로 순교자가 아니라면 영웅적이고 탁월한 덕행을 실천한 사람, 다시 말해 증거자입니다. 일단 한국 교회에서 순교자 말고 증거자로서 성인 후보자는 어떤 분이 있을까요? 예를 들면 김수환 추기경님 같은 분, 선우경식 요셉 원장님 같은 분, 이태석 신부님 등 아마 찾아보면 꽤 많을 것입니다. 따라서 우리가 그런 성인 후보자들을 찾아내고, 그들이 남긴 영웅적 덕행과 관련 자료를 찾고 연구하고… 이런 노력들이 아주 중요합니다.

저희 살레시오회 총본부에 가면 시복 시성 관련 업무만 전담하는 신부님들이 계십니다. 제가 그분들 일하는 사무실을 방문한 적이 있는데, 솔직히 그분들 불쌍했습니다. 그분들 하루 일과는 인간적으로 너무나 괴로운 일이었습니다. 하루 온종일 전 세계 각국에서 올라온 시복 시성 관련 자료들을 검토하고 문서를 꾸미고, 번역하고, 교황청으로 보내고…. 시복 시성 작업 이거 간단한 게 아니었습니다. 누군가의 엄청난 희생과 인내가 요구되는 작업입니다.

한 그리스도인이 돌아가신 후에 살아생전 영웅적 덕행이 사람들 사이에서 계속 끊이지 않고 기억되고 추모되면서 작업이 시작되면, 최초로 부여받는 호칭이 있는 데, 바로 '하느님의 종'입니다. 시복 시성 절차가 공식적으로 시작된 사람에게 부여됩니다. 하느님의 종에서 다음 단계는 가경자입니다. 고인의 영웅적인 성덕이나 순교에 대한 교황청의 승인 교령이 발표된 다음 가경자라고 부르기 시작합니다. 가경자 다음이 복자입니다. 복자가 되면 특정 지역이나 단체 안에서의 공적이고 교회적인 공경이나 경배가 허용됩니다. 복자가 된 후 또 다른 기적이 인정되면 시성 작업에 들어갑니다. 복자까지만 되고 성인이 안 된 분들이 한두 명이 아닙니다. 그만큼 시성되기가 어렵습니다. 시성되었다는 것은 고인이 이제 천국의 영원한 영광 속에 계시며, 우리를 위해 하느님께 전구하고 계시며, 전 세계 교회가 그를 공적으로 공경하고 경배하는 것이 허용된다는 말입니다.

"성모님을 특별히 사랑한 성인은 어떤 분들입니까?"

이천 년 가톨릭교회 역사상 수많은 성인 성녀가 배출되었습니다. 그런데 성인 성녀치고 성모님을 사랑하지 않은 분이 없었습니다. 많은 분 중에서 눈에 '확' 띄는 성인, 성모 신심에 있어서

둘째가라면 서러워할 분이 계신데, 성 요한 바오로 2세입니다.

성 요한 바오로 2세 교황과 한국 교회의 인연은 각별합니다. 그분은 순교자들의 땅이자 분단국가, 또 '군부에 의한 장기 독재 국가', '전쟁 발생 고위험군' 국가로 분류되는 한국을 각별히 마음에 두셨습니다. 당신도 폴란드 사람으로서 어린 시절 나치 독일과 소련 치하에서 큰 고통을 겪으셨기에 분단된 한국의 아픔을 당신 고통처럼 느끼셨습니다. 얼마나 한국을 사랑하셨던지 교황 재위 시절 두 차례나 방한하셨습니다.

1984년 여의도 광장에서 거행된 103위 순교자 시성식은 로마 밖에서 실시된 최초의 시성식이었습니다. 1989년에는 세계 성체 대회 참석차 방한하셨는데, 당시 주제는 한반도 평화를 염두에 둔 '그리스도 우리의 평화'였습니다. 분단으로 고통받고 있는 우리 민족을 향한 연민으로 가득한 메시지를 잊을 수 없습니다. "아직도 평화와 정의 속에 하나 되지 못하고 있는 이 나라의 비극적 분단을 가슴 아파합니다. 분단된 대한민국의 고난은 분열된 이 세계의 상징입니다."

성 요한 바오로 2세 교황의 신심에는 언제나 성모님께서 굳건히 자리하고 계셨습니다. 그분의 기도는 항구히 '마리아 차원'을 지니고 있었습니다. 그러나 성모님의 위치가 교황의 신학적 소신이 지닌 그리스도 중심 노선과 충돌하는 일은 없었습니다. 그분은 몽포르의 루도비코 성인의 가르침이 큰 힘이 되었다고 밝히셨습니다. "성모님에 대한 나의 신심이 너무 크면 주님을 섬기는 일에 해가 되지 않을까 하는 걱정이었습니다. 누구나 그리스도 안에서 성모님의 신비를 실현한다면 그러한 위험은 없다는 것을 루도비코 성인의 현명한 가르침 덕에 나는 깨달을 수 있었습니다."

 1981년 5월 13일 파티마의 성모 축일 오후 바티칸 광장에는 천지를 진동하는 큰 총성이 울려 퍼졌습니다. 있어서는 안 될 경천동지할 대사건, 성 요한 바오로 2세 교황 피격 사건이 발생한 것입니다. 참으로 이해할 수 없는 순간이기도 했습니다. 입만 열면 사랑과 화합, 평화의 메시지를 보내던 분을 향한 세상의 응답이 테러요 저격이라니. 당시 차량에 동승했던 주치의는 후에 상황을 이렇게 증언했습니다. "제멜리 병원으로 이동하던 그 긴박한 순간, 교황님은 폴란드말로 계속 기도하셨습니다. '나의 예수님, 나의 어머니'라고 말입니다." 과다 출혈로 수술이 매우 어려웠고 4시간 반에 걸친 대수술이 진행되었습니다. 다행히 총알은 아슬아슬하게 심장을 비켜 관통하였습니다. 이탈리아 경찰은 저격범을 체포하여 수사하였는데, 튀르키예 출신의 청년으로 극우 단체 소속 알리 아그자라고 밝혀졌습니다.

 성 요한 바오로 2세 교황은 사건 이후 맞이한 첫 번째 삼종기도 시간에 저격범을 생각하며 이렇게 말씀하셨습니다. "여러분의 기도에 깊이 감사를 표하며 모든 이에게 축복을 보냅니다.

나를 저격했던 그 형제를 위해 기도합니다. 저는 그를 진심으로 용서했습니다. 성모님, 저는 온전히 당신의 것입니다."

성 요한 바오로 2세 교황의 성모님의 티 없으신 성심에 대한 봉헌은 각별합니다. 일찍 어머니를 여의고 청소년 시절부터 몽포르의 성 루도비코의 말씀대로 성모님의 티 없으신 성심에 자신을 봉헌하고 사셨습니다. 특히 사제 수품 때와 교황으로 선출되셨을 때 사제직과 교황직을 성모님의 티 없으신 성심에 봉헌하셨습니다. 교황직에 오른 후 세계 각국을 방문할 때마다 그 나라와 민족을 성모님의 티 없으신 성심께 봉헌하셨고, 1984년 한국에 오셨을 때도 명동 성당에서 우리나라를 성모님의 티 없으신 성심께 봉헌하셨습니다. 교황의 기도가 참으로 감동적입니다.

"평화의 모후이신 성모님, 우리가 사는 이 시대는 분열과 미움, 분노와 복수, 그리고 폭력이 난무하고 있습니다. 민족들이 서로의 문화와 종교를 존중하고 이해하며 대화할 수 있도록 함께해 주십시오. 특별히 폭력과 전쟁에 시달리고 있는 분쟁 지역 민족들의 어머니가 되어 주십시오. 그들을 끊임없이 도와주시고 그들에게 평화의 모후가 되어 주소서."

이번에는 성녀 한 분의 성모 신심을 소개해 볼까 합니다. 참으로 신비스럽고 매력적인 성녀 아기 예수의 성녀 데레사 동정 학자입니다. 좁은 길의 성녀로 유명합니다. 그녀의 삶이 마치 깊은 산속 외딴곳에 홀로 피어난 아름다운 한 송이 작은 꽃 같다고 해서 '소화小花 데레사'라고도 부릅니다. 언뜻 보기에 그녀의 생애는 성인聖人이 되기에 많이 부족해 보입니다. 1873년 태어나 1897년 돌아가셨으니 불과 24년의 짧은 생애를 살았습니다. 성덕을 쌓기에 충분한 시간과 나이가 아니라는 생각도 할 수 있습니다. 요즘 그 나이의 다른 젊은이들을 바라보면 더 그런 생각이 듭니다. 짧디 짧은 수도 생활의 연륜, 그것도 봉쇄 수녀원 안에서, 그마저도 지병으로 골골하면서…도무지 대단한 뭔가를 해 낼 조건이 아닌 생애였습니다. 그러나 데레사는 자신의 탁월한 봉헌 생활을 통해 나이와 연륜이 성덕과 비례하지 않는다는 것을 잘 보여 주었습니다. 젊은 나이에도 제대로 마음만 먹으면, 죽기 살기로 추구한다면 성화의 길이 불가능한 것이 아님을 똑똑히 보여 주었습니다. 오늘날 가톨릭교회는 그녀를 그 어떤 성인보다 크게 칭송하고 있습니다. 그녀의 빛나는 성덕은 온 세상을 비추고 있습니다. 교회는 봉쇄 수도회 수녀였던 그녀를 전 세계 선교의 수호성인으로 선택했습니다.

그녀가 개척한 성덕의 길은 대체로 세 가지로 요약할 수 있습니다. 지극한 겸손, 복음적 단순함, 하느님을 향한 깊은 신앙입니다. 그리고 이 세 가지 요소는 결국 사랑으로 통합됩니다. 데레사는 하느님을 마치 사랑하는 연인戀人 대하듯 했습니다. 그녀가 하느님과 주고받은 대화, 곧 기도는 마치 너무 사랑해서 죽고 못 사는 연인들끼리 주고받은 연서戀書 같습니다. 그녀는 하느님 앞에 언제나 한 송이 작은 숨은 꽃이기를 원했습니다. 그녀가 개척한 성덕의 길은 '작은 길'이었습니다. 하느님께서는 한사코 작은 오솔길만 걸은 그녀를 구원의 빛나는 대로로 안내하셨습니다. 그리고 작디작은 그녀를 당신의 넓고 따뜻한 가슴에 꼭 안아 주셨습니다. 숨은 것도 다 아시는 전지전능하신 하느님께서는 그녀 특유의 빛나는 작은 길을 온 세상 사람들 앞에 낱낱이 드러내셨습니다.

데레사의 어린 시절은 참으로 우울했습니다. 그녀가 네 살 되던 1877년에 어머니가 먼저 세상을 떠납니다. 5년 뒤 아홉 살 되던 해 어머니 역할을 대신하던 언니 폴리나 마저 가르멜회에 입회하지요. 어린 나이에 연이은 이별과 상실 앞에 그녀의 영혼과 육체는 큰 타격을 입습니다. 열 살 되던 해 마침내 그녀의 병세는 최악의 상태에 도달합니다. 신경과민으로 전율과 공포, 환각 상태가 극에 달했습니다. '이러다 죽겠구나.' 하는 걱정에 가족들은 9일 기도를 시작했습니다. 언니들은 그녀의 발치에 무릎을 꿇고 성모상을 바라보며 간절히 기도하였습니다. 탈진 상태의 그녀도 성모님을 바라보며 힘을 다해 자비의 기도를 열심히 바쳤습니다. 그 순간 기적처럼 따뜻한 위로와 치유의 손길이 다가왔는데, 그녀는 당시 상황을 이렇게 기록했습니다. "성모님의 얼굴은 이루 말할 수 없는 선함과 부드러움으로 가득했어요. 그분의 매력적인 미소는 제 영혼 깊숙이 파고들었지요. 그 순간

제 모든 고통이 마치 떠오르는 태양 앞에 안개가 걷히듯 사라졌습니다. 두 줄기 굵은 눈물이 제 얼굴 위로 흘러내렸습니다. 기쁨의 눈물이었습니다. 저는 성모님께서 저를 보고 미소 지으셨다는 것을 알았습니다. 저는 얼마나 행복했는지 모릅니다."

당시 영성의 대가들은 인생의 의미 있는 순간에 몇 가지 결심을 세우곤 했는데, 데레사도 예외가 아니었습니다. 그녀는 첫 영성체를 준비하면서 세 가지 결심을 세웠습니다. "저는 결코 용기를 잃지 않겠습니다. 저는 매일 성모님께 기도하겠습니다. 저는 자존심을 굽히도록 노력하겠습니다." 병약했던 데레사 수녀가 점점 죽음을 향해 가던 어느 날 그녀는 오랫동안 마음속 깊이 간직해 온 소망 한 가지를 실행에 옮겼습니다. 그것은 성모님에 대한 시를 하나 짓는 것이었습니다. 그녀는 그간 들어온 성모님 관련 강론들을 별로 마음에 들어 하지 않았습니다. 설교자들이 성모님을 너무나 범접하기 힘든 대단한 분으로 만들어 놓았기 때문입니다. 이런 생각들은 고스란히 그녀의 시에 담겨 있습니다. 핵심은 이것입니다. "성모님은 여왕보다 어머니에 가깝습니다. 그분은 평범하고 소박한 일상을 비범하고 찬란하게 살아가셨습니다." 그러면서 시의 마지막 부분을 이렇게 마무리했습니다. "아름다운 천국에서 당신을 뵙기 위해 저는 곧 떠나갈 것입니다. 성모님, 당신은 제 인생의 아침에 웃음을 보내 주셨지요. 오소서. 어머니! 다시 당신의 웃음을 보내 주십시오. 보십시오, 이제 저녁이 되었습니다."

1897년 7월 중순, 생애 거의 마지막에 다다른 데레사 수녀는 성모님과 관련한 의미심장한 유언을 한 가지 남깁니다. "어머니께서 많은 선을 행하실 것입니다. 사람들은 어머니를 통해서 사랑하는 하느님의 자비를 더 잘 깨닫게 될 것입니다."

성모님을 극진히 사랑했던 또 한 분의 성인을 소개해 볼까요? 수많은 성인 성녀 가운데 이분처럼 파란만장하고 우여곡절의 생애를 산 사람도 또 없을 것입니다. 회개한 사람의 대명사? 그분이 남긴 유명한 고백을 들으면 확실히 떠오를 것입니다. "늦게야 님을 사랑했습니다!" 떠오르는 얼굴이 있습니까? 네, 아우구스티노 주교입니다. 아우구스티노 주교 뒤에는 아주 중요한 인물이 있습니다. 네, 어머니 모니카 성녀입니다. 그녀는 아들의 회개와 구원을 위해서 장장 30년을 하루도 빠지지 않고 기도했습니다. 아우구스티노는 어머니 모니카의 모습에서 성모님의 모습을 발견했습니다. 이 시대 우리 어머니들도 방황하는 자녀를 위해 바로 이런 역할을 해야 합니다. 회심한 아우구스티노에게 성모님은 너무나 친근한 존재였습니다. 그는 애써 고민하지 않아도 성모님의 신원과 정체를 쉽게 파악할 수 있었습니다.

그는 자신의 회개와 구원을 위해 평생 눈물로 기도한 어머니의 모습에서 자연스럽게 성모님의 삶과 영성을 발견했습니다. 그는 자신의 어머니 안에서 인류의 어머니인 성모님의 흔적을 발견했습니다. 그는 성모님을 이렇게 표현했습니다. '살아 있는 감실.' 그는 이렇게 가르칩니다. "성모님은 예수님을 평생 자신의 내면 깊숙한 곳에 모시고 사셨습니다. 그 결과 성모님은 아들 예수님과 한마음 한 정신 한 몸이 되셨습니다. 성모님과 예수님은 동일한 운명의 소유자였습니다. 하느님께서는 성모님 삶의 모든 순간에 함께 현존하셨습니다." 그는 성모님의 육체와 영혼은 언제나 당신 아들 예수님과 하나라고 보았습니다. 성모님께서는 당신 아들 예수 그리스도의 영광이 온 세상을 덮을 때까지 희생으로 견디셨다고 외쳤습니다. 마치 어머니 모니카가 자신을 위해 인내하고 희생한 것처럼 말입니다.

그는 또한 성모님께서는 아들 예수님께서 하느님 아버지의 구원 사업을 완수하기 위해 십자가에 오르시기까지의 전 과정에 온몸과 마음으로 동참하셨다고 가르쳤습니다. 마치 어머니 모니카가 자신과 한마음 한 몸이 되어 한평생 십자가의 길을 걸은 것처럼 말입니다. 그 결과 성모님은 하느님께서 온전히 거처하시는 새 시대의 성전, 살아 있는 감실이 되셨음을 밝힙니다.

방탕했던 자신의 젊은 시절을 회상하며 아우구스티노는 죄인들의 공동체인 교회와 인류를 위해 원죄 없으신 성모님의 존재가 얼마나 절실한지를 온몸으로 느꼈습니다. 그래서 원죄 없으신 성모님 교리를 확립하고 선포하기 위해 각고의 노력을 다했습니다. 그는 집요하게 반박하는 이단자들을 향해 이렇게 외쳤습니다. "성모님만이 유일무이한 하느님의 어머니요 또한 그분의 신부新婦이십니다. 성모님은 열 달 동안 구세주 하느님을 자신의 태중에 모셨던 살아 있는 감실이십니다. 성모님께서는 아기 예수님을 당신 태중에 잉태하시기 전 당신 영혼 안에 먼저 잉태하셨습니다. 다시 말해 아기 예수님을 자신의 배 속으로 맞이하기 전에 이미 영혼으로 먼저 맞이하신 것입니다. 성모님에게 예수님을 낳은 것보다 더 큰 영광은 예수님의 제자가 된 것입니다. 부활하신 예수님께서 잠겨 있는 문을 통과하여 제자들에게 나타나셨듯이 아기 예수님께서는 성모님의 동정성에 아무런 해도 주지 않고 잉태되고 출산되셨습니다."

마지막으로 또 한 분 위대한 성녀 한 분의 성모 신심을 소개해 드리겠습니다. 여러분 다음 시를 들으면 누군가 머릿속에 떠오르실 것입니다. "어느 것도 두려워하지 마십시오. 아무것에도 놀라지 마십시오. 모든 것은 사라지지만 하느님은 변치 않으십니다. 인내가 모든 것을 얻게 합니다. 하느님을 모신 사람에게는 부족함이 없으니 하느님만으로 충분하기 때문입니다." 스페인 아빌라의 데레사(1515-1582) 성녀입니다.

영성 생활과 관련한 그녀의 가르침은 얼마나 단순하면서도 깊이가 있는지 깜짝 놀랄 정도입니다. 그러나 그 누구도 이렇게 영성 생활을 이해하기 쉽게 설명한 바가 없었습니다.

"좋은 벗과 함께 있기를 원하는 것, 하느님과 단둘이 우정을 나누기를 원하는 것이 바로 기도입니다. 여러분에게 간곡히 부탁드립니다. 이성理性만으로 그분에 대해 생각하지 마십시오. 많은 개념도 끄집어 내지 마십시오. 대단하고 복잡한 명상도 하지 마십시오. 그분을 바라보는 것 외에 나는 아무것도 청하지 않습니다."

개혁가 아빌라의 성녀 데레사의 험난한 생애 내내 그녀를 동반한 분이 있었는데, 바로 성모님이십니다. 그녀는 자주 이런 고백을 했습니다. "위기에 처할 때마다 저는 성모님께 의탁했습니다. 그때 마다 여왕이신 성모님께서는 저를 도와주셨습니다."

그녀는 천신만고 끝에 소박한 개혁 수녀회 하나를 설립했습니다. 기존의 수녀회와는 비교도 안 되는 작고 초라한 수녀회였지만 그녀는 더 이상 행복할 수 없다는 표정으로 동료 수녀들에게 이렇게 말했습니다. "큰 영광에 가득 차 계신 하얀 망토의 성모님께서 당신의 아름다운 망토로 우리 수녀님들을 감싸고 계십니다. 나의 사랑하는 딸들인 수녀님들, 여러분은 이 세상에서 가장 아름답고 좋으신 어머님을 모시고 있으니 감사하십시오. 수녀님들, 성모님의 위대한 겸손을 본받기를 바랍니다. 우리 스스로 그분의 수녀라고 불리는 것에 큰 감사를 드립시다!"

아빌라의 성녀 데레사가 규모가 큰 비개혁 수녀회의 원장이 되었을 때의 일입니다. 그녀는 원장에 취임하자마자 자신의 자리를 성모님께 내어 드렸습니다. 수녀원 열쇠를 손에 쥔 자비의 성모상을 원장 자리에 모셔 놓았습니다. 그리고 자신은 성모상 발치에 앉았습니다. 그녀의 대단한 겸손과 인품에 매료된 개혁 반대파 수녀들조차 그녀 앞에 경의를 표하기 시작했습니다. 그러나 그녀는 결코 자만하지 않았습니다. 놀라운 변화 앞에 그녀는 특유의 온화한 미소를 지으며 모든 공로를 성모님께 돌렸습니다. "우리 모두의 원장 수녀이신 성모님께서 이 놀라운 일을 하셨습니다!"

아홉 번째 이야기

바람직한 성모 신심과 그릇된 성모 신심

공생활을 위해 예수님께서 출가하셨을 때 성모님 마음의 상태가 어떠했을지 우리는 따로 설명하지 않아도 잘 알 수 있습니다. 성모님께서 친히 젖을 먹이고 손수 양육하시며 30여 년을 동고동락한 아들 예수님께서 어머니를 홀로 두고 떠나실 때의 그 서운함, 섭섭함이 얼마나 컸겠습니까? 그러나 성모님께서는 집착하지 않으셨습니다. 아들 예수님을 향해 '나 혼자 두고 어디 가느냐?'며 붙잡지 않으셨습니다. '내가 너를 낳아 기르느라 얼마나 고생했는지 아느냐?'라고 말하지 않으셨습니다. 성모님께서는 예수님이나 주변 사람들에게 '나 때는 말이야!'라고 말하지 않으셨습니다. '한겨울 베들레헴으로 너를 출산하러 갔을 때 내가 얼마나 고생했는지 아니?' '이집트로 피난 갔을 때는 정말 죽는 줄 알았어!' 이런 말씀을 절대 하지 않으셨습니다.

성모님은 가르치려 드는 사람이 아니었습니다. 오히려 성모님께서는 예수님으로부터 배우려고 하셨습니다. 예수님의 제자가 되기를 원하셨습니다. 성모님께서는 아들 예수님께서 자신을 기억하고 찾아와 주실 때 물론 기뻐하셨습니다. 그러나 당신을 기억하지 못하고 찾아오지 않으셔도 서운해하지 않으셨습니다. 당신 아들 예수님께서 자신의 사명을 충실히 이행하실 수 있도록 최선을 다해 동반하셨습니다.

"신심이란 무엇을 말합니까?"

우리는 가끔 이런 말을 합니다. '베드로 형제님은 참 신심이 깊으셔! 막달레나 자매님은 성모 신심이 대단해!' 여러분 어떻게 생각하십니까? 미사에 열심히 참여하면 신심이 깊은 것인가요? 매일 묵주 기도 50단씩 하면 신심이 깊은 것인가요? 대체 어떤 모습을 보고 신심이 깊다고 할까요?

어느 종교나 각기 나름의 신심이 있습니다. 그런데 그리스도교에서 말하는 신심은 하느님을 섬기고 경배하는 인간의 경건한 태도와 자세를 의미합니다. 신심은 어떤 때 생깁니까? 하느님의 크신 사랑과 자비에 대한 묵상을 통해 신심이 시작됩니다. 또 인간 자신의 나약함과 허무함을 깨달을 때 신심이 일어납니다. 토마스 아퀴나스 성인에 따르면 신심은 하느님께서 한 인간 존재에게 부여하신 선물이랍니다. 한 인간 존재가 하느님을 섬기고 의탁하는 의지와 행동이 신심입니다. 또한 신심은 영적 측면에만 국한되지 않고 인간의 구체적 현실을 통해 적용되어야 하며, 일회적 한시적인 것이 아니라 지속적이고 항구적인 것이 신심의 특징입니다. 결국 신심은 하느님께서 주신 선물에 대한 응답으로, 하느님께 자신의 존재 전체를 기꺼이 바치는 봉헌입니다.

프란치스코 살레시오 성인은 신심에 대해서 이렇게 말합니다. "참된 신심은 각자에게 부여된 신원과 소명에 충실한 것입니다." 결국 신심 생활이란 하느님을 사랑하는 것, 그 사랑을 바탕으로 동료 인간 존재를 사랑하는 것, 그리고 나를 존귀하게 여기는 것, 하느님께서 우리 각자에게 선물로 주신 삶을 기쁘고 충만하게 살아 내는 것입니다. 더 나아가 신심 생활의 최종 목적은 항상 하느님을 섬기고, 사랑 가운데서 진리에 따라 살며, 언제 어디서나 그리스도와 한마음 한 몸이 되는 것입니다.

"그렇다면 성모 신심은 무엇입니까?"

궁극적으로 하느님만이 모든 신심의 대상이지만, 하느님은 당신의 신비를 통하여 인간이 당신께로 나아갈 길을 무수히 열어 놓으셨습니다. 이런 면에서 성모 신심은 하느님께 나아가는 아주 좋은 길이요 수단이요 방법입니다.

성모 신심은 성모님께서 성자 예수 그리스도의 어머니로서 하느님의 구원 신비에 특이하고 탁월하게 관여하고 참여함으로써 하느님과 결합하는 월등한 방법을 인정하고 공경하는 행위를 말합니다. 성모 신심은 모든 성인 성녀 위에 높임을 받아야 할 특별한 것이지만 성삼위께서 받으시는 흠숭과는 본질적으로 다릅니다. 성모 신심은 예수 그리스도를 통해서 하느님을 지향해야 올바른 것입니다.

다음으로 우리가 꼭 기억할 성모 신심의 세 가지 요소에 대해 말씀드리겠습니다. 올바른 성모 신심을 실천하려면 꼭 유념해야 합니다.

1) 성모 신심이란 성모님이 지닌 존엄성이 그분의 구원사적 위치와 직능에서 나옴을 인정하고 공경하는 행위입니다.
2) 성모 신심이란 성모님의 모성적이고 모후적인 전구를 청하며 기원하는 것입니다.
3) 성모 신심이란 성모님께 우리 자신을 바치는 봉헌과 성모님의 덕행을 본받는 모방입니다.

우리 가톨릭교회의 가르침에 따르면 모든 신심은 본질상 성경과 전통에 근거하고, 전례와 결부되어야 합니다. 따라서 신앙을 정확하게 표현하지 못하는 모든 신심이나 경솔한 태도나 감상에 이끌림과 신기한 것에 대한 지나친 탐구나 수용하기 힘든 전설적 요소들은 배제할 것을 강조합니다. 성모 신심의 궁극적인 목적이 하느님께 영광을 드리고 모든 그리스도인들을 하느님께로 인도하며 하느님의 뜻에 일치하도록 이끄는 데 있음을 잊지 말아야 하겠습니다.

제2차 바티칸 공의회 문헌 「교회 헌장」에서도 성모 신심에 대해서 언급합니다.

> "천주의 성모에 대한 다양한 형태의 신심을 교회는 건전한 정통 교리의 테두리 안에서 시대와 장소의 상황에 따라 또 신자들의 품성과 기질에 따라 승인하였으며, 그 신심은 어머니께서 존경을 받으실 때에 그 아드님 곧 만물이 그분을 위하여 있고(콜로 1,15-16 참조) 영원하신 아버지께서 "기꺼이 온갖 충만함이 머무르게 하신"(콜로 1,19) 성자께서 바르게 이해되시고 사랑과 영광을 받으시게 하며 그분의 계명이 준수되게 한다."(66항)

> "진정한 신심은 쓸모없고 일시적인 감정이나 허황한 맹신에 있는 것이 아니라 오직 참된 신앙에서 나온다는 것을 신자들

은 명심하여야 한다. 참된 신앙으로 우리는 천주 성모의 탁월함을 인정할 수 있고, 또 우리 어머니에 대한 자녀다운 사랑을 불러일으키고 그분의 덕행을 본받을 수 있다."(67항)

결국 공의회 교부들이 제시하는 바람직한 성모 신심은 이러합니다.

"교회는 자녀다운 효성으로 마리아를 받들고 사람이 되신 말씀의 빛으로 마리아를 바라보며 드높은 강생의 신비를 공경하고 더 깊이 파고들어 갈수록 더욱더 자기 신랑을 닮아 간다."(65항)

"성모 신심은 아주 다양하게 표현된다고 들었습니다. 어떤 모습, 어떤 방식으로 표현되나요?"

로마 시내 지하에는 수많은 지하 무덤들이 산재합니다. 그 무덤들을 '카타콤바'라고 합니다. 어떤 곳은 발굴이 잘 되어서 많은 순례자들이 찾습니다. 교황님은 그중에 하나의 운영권을 저희 살레시오회에 맡겨 주셨습니다. 산 갈리스토 카타콤바입니다. 산 갈리스토 매표소에 가면 저희 살레시오 회원들이 앉아 있습니다. 가이드도 살레시오 회원들입니다. 카타콤바 지하로 내려가면 어마어마합니다. 꼬불꼬불 길을 따라 내려가다 보면 여기저기 벽화들이 그려져 있습니다. 그 벽화들은 로마 대박해 시절, 초세기 신자들이 박해를 피해 무덤으로 내려가 살면서 자신들의 신앙을 그림으로 표현한 것입니다. 벽화들 가운데 아주 아름다운 여성이 등장합니다. 벽화의 주인공이 누구라고 써 놓지는 않았지만, 벽화를 보는 사람들은 누구나 벽화의 주인공이 성모님이라는 것을 확신합니다. 그런 카타콤바 벽화를 통해 우리는 당시 초세기 그리스도인들의 성모 신심을 유추해 볼 수 있습니다.

이렇게 성모님에 대한 신심은 다양한 방법으로 시도되었습니다. 어떤 음악가는 아름다운 선율의 성모 찬가를 작사 작곡함을 통해 자신의 성모 신심을 드러냈습니다. 어떤 화가는 아름다운 성모 성화상을 통해 자신의 성모 신심을 드러냈습니다. 뿐만 아니라 전례나 기도문 등 삶의 다방면에 걸쳐 성모 신심이 표현되었습니다. 오늘날도 성모 신심은 다양한 모습으로 표현되고 있습니다. 한국에서는 매년 5월이 되면 거의 모든 본당이 성모의 밤 행사를 성대하게 거행합니다. 교회 전례력에 따라 다양한 성모님 축일을 기념합니다. 성모님을 주제로 한 성가는 또 얼마나 많습니까? 수많은 신자들이 레지오 마리에에 가입해서 열심히 활동합니다. 이 모든 것이 성모 신심을 드러내는 것입니다.

"교회 역사에서 성모 신심이 어떻게 발전해 왔는지 알 수 있을까요?"

사실 초대 교회 때부터 7세기 무렵까지 신자들은 예수님을 신앙의 중심에 두고, 성모님은 모든 신자들이 본받아야 할 모범으로 존경을 드렸습니다. 다시 말해 그리스도 중심적인 바람직한 성모 신심이 이루어졌습니다. 하느님의 어머니이신 성모님의 성덕에 대한 칭송과 그리스도 중심성이 특징이었습니다. 성모님을 세상 그 어떤 사람보다도 주님이신 예수님을 가장 가까이에서 협력하신 분으로 공경하면서 교회의 어머니, 주님의 어머니라고 칭했습니다.

그런데 8세기 접어들어 성모 신심에 대한 방향이 전환되면서 성모님께 '천상의 여왕', '그리스도의 힘 있는 전구자' 역할이 강조되고 성모님의 강한 능력에 의지하는 경향을 띠기 시작했습니다. 당시 신자들은 성모님께서 인간을 모든 위험에서 구해 주시는 천상천하의 모후로 여겼습니다. 나중에는 하느님을 능가하는 무소불위의 힘과 능력을 발휘하는 분으로까지 올라갔습니다. 너무 지나치게 성모님을 띄워 버렸습니다. 한마디로 과장되고 왜곡된 성모 신심이 이루어졌습니다.

14세기 이후 성모님에 대한 개인 신심이 우려를 금치 못할 정도로까지 나아갑니다. 교회의 공식 가르침은 그렇지 않았는데, 신자들은 점점 더 성모님의 위치를 격상시켰습니다. 지극히 겸손하고 순수하신 성모님께서 얼마나 불편하셨을까 생각하니 참으로 안타까운 마음이 듭니다. 사람들은 성모님께서 그리스도와 별개로 독자적으로 은총과 구원을 베푸신다고 생각했습니다. 천상 모후의 권능이 성자 그리스도의 권능을 넘어선다고까지 생각했습니다. 모든 것은 성모님을 통해서 가능하다고, 성모님을 통해서만 천국 입국이 가능하다고 여겼습니다. 너무나 허무맹랑하고도 그릇된 성모 신심이 판을 쳤습니다. 예수님께 청하는 것보다 성모님께 청하면 더 쉽게 구원될 수 있다고 생각했습니다. 성모님을 예수님보다도 더 자비로운 분으로 생각했습니다. 미사에 참석하는 것보다 성모상 앞에 무릎을 꿇고 기도하는 것이 더 중요하다고 생각했습니다. 그릇된 성모 신심의 단적인 예입니다.

일부 신학자들도 그릇된 성모 신심을 부추겼습니다. "성모님을 통해서만 인간의 완전한 구원이 이루어집니다. 성모님을 통하지 않고서는 그리스도께 다가갈 수 없습니다. 악마들은 하느님보다도 성모님을 더 두려워합니다." "하느님은 심판하시지만 성모님은 자비를 베푸십니다. 하느님께서 단죄하시더라도 성모님께서 원하시면 구원될 수 있습니다. 모든 은총은 성모님을 통해서 옵니다. 아무도 성모님을 통하지 않고서는 구원될 수 없으며, 인류의 구원은 성모님의 손에 달려 있습니다." 그릇된 성모 신심의 단적인 예입니다.

다행히 제2차 바티칸 공의회 이후로 교회는 그동안 과장되었던 성모 신심에 대해서 진지하게 반성하고 성찰하며 올바른 성모 신심을 강조하고 있습니다. 성 요한 23세 교황은 도를 넘어선 성모 신심 행위에 대해 강력히 경고하며, 교회 정통 교부들의 성모 신심을 존중해 달라고 당부했습니다. 성 바오로 6세 교황도 교회 전통에 충실한 성모 신심, 성경적 사목적으로 균형 잡힌 올바른 성모 신심을 권장했습니다. 성 요한 바오로 2세 교황도 성모님은 결코 신앙의 대상이 아니라 모든 그리스도인 신앙의 모델임을 재확인했습니다.

교회 역사에서 신앙의 모범을 보인 성인들 가운데 성모 신심이 뛰어나지 않은 분은 아무도 없었습니다. 바꿔 말하면 모든 성인들이 성모 신심이 뛰어났습니다. 따라서 우리가 완덕의 모범을 보인 성인들을 본받아야 한다면 성인들이 보여 준 성모 신심을 잘 배우고 익히는 것이 중요합니다. 예수 그리스도께서 그리스도교의 핵심이지만 성모 신심은 그리스도를 격하하거나 하느님을 훼손하지 않으면서, 성모님을 통하여 하느님께로 나아갈 수 있음을 교회 전통과 성인들의 삶이 잘 증명해 줍니다. 그러므로 올바로 이해한다면 성모님에 대한 신심이 그리스도의 지위를 결코 감소시키지 않을 것이라는 교회의 가르침은 당연하다 하겠습니다.

성모님은 하느님의 뜻을 가장 잘 받아들여 순종하셨으며 완전한 신앙인의 모범을 보인 거룩한 그리스도인인 동시에 완덕의 모범이십니다. 이는 성모님이 교회의 모습이자 표상이며 유형이라는 의미입니다. 이는 우리 교회가 가야 할 길인 동시에 우리가 모범으로 삼고 살아야 할 길이기도 합니다. 지금까지 교회 역사 속의 성모 신심 발자취에 대해서 살펴봤습니다.

"바람직한 성모 신심이란 어떤 것이며, 어색하거나 그릇된 성모 신심을 어떤 것입니까?"

너무 광범위한 질문이지만, 가급적 쉽게 설명해 보겠습니다. 성모상 앞에 촛불 하나 밝히고 정성껏 묵주 기도 바치는 것이 아주 멋진 성모 신심입니다. 레지오 마리에에 가입해서 성모님의 군사로서 열심히 활동하는 것도 아주 좋은 성모 신심입니다. 스카풀라나 기적의 메달을 몸에 지니고 늘 성모님 현존 속에 살려고 노력하는 것도 아주 아름다운 성모 신심입니다. 그러나 바람직한 성모 신심은 한걸음 더 앞으로 나아가야 합니다. 가브리엘 천사를 통해 전해진 하느님의 인류 구원 계획에 나자렛의 마리아는 용감하게도 '예!'라고 응답했습니다. 더 의롭고, 더 사랑과 희망으로 가득 찬 새로운 세상 건설을 위한 하느님의 제안 앞에 마리아는 흔쾌히 '예!'라고 응답했습니다. 죄와 악, 불의와 악습으로 가득한 낡은 세상을 개혁하려는 하느님의 인류 구원을 위한 사업 계획서에 마리아는 기쁜 마음으로 동의서를 작성했습니다. 바람직한 성모 신심의 소유자는 그런 용기 있는 마리아처럼 하느님의 초대 앞에 기쁜 마음으로 예라고 대답하는 사람입니다.

바람직한 성모 신심이란 보다 폭넓은 것이고, 한걸음 더 앞으로 나아가는 것입니다. 예를 들면 불의한 현실을 외면하지 않고 당당히 맞서는 것! 아주 바람직한 성모 신심입니다. 나와 내 가정만 생각하지 않고 보다 정의로운 세상 건설을 위해 헌신하는 것! 예수님께서 칭찬하실 성모 신심입니다. 범국가적 대재난 상황 앞에서 몸 사리지 않고 팔 걷어붙이고 현장으로 달려가는 것! 성모님께서 흐뭇해하실 성모 신심입니다.

카나의 혼인 잔치에서 물을 포도주로 변화시킨 기적 사건 기억나실 것입니다. 성모님께서는 동료 인간이 처한 딱한 상황 앞에 절대로 나 몰라라 하실 수 없었습니다. 성모님께서는 즉시 측은지심을 느끼셨고, 곤경에 처한 이웃을 돕기 위해 최선을 다하셨습니다. 그런 성모님의 모습을 실천하는 것, 아주 바람직한 성모 신심입니다.

성모님께서는 가끔씩 마주한 예수님의 돌발 발언 앞에서 상처도 받으셨고 고민도 하셨습니다. 그러나 불평불만이나 잔소리를 늘어놓지 않으시고 그저 마음속에 간직하셨습니다. 묵상하셨습니다. 기도하셨습니다. 이해하기 힘든 상황 앞에서 불평불만을 늘어놓지 않는 것, 호의적이지 않은 상황을 긍정적으로 수용하는 것, 아주 바람직한 성모 신심입니다.

어느 순간 성모님께서는 골고타 언덕 예수님의 십자가 아래 서 계십니다. 우리도 때로 견딜 수 없는 혹독한 고통과 시련 앞에 설 때가 있습니다. 그때 포기하거나 좌절하지 않고 혼신의 힘을 다해 견디는 것, 쓰러지지 않고 끝까지 서 있는 것, 아주 바람직한 성모 신심입니다.

"그렇다면 그릇된 성모 신심은 어떤 것인가요?"

신심이라고 해서 모두 일률적이지 않고 천차만별입니다. 깊은 신심이 있는가 하면 얕은 신심이 있습니다. 초보 신심이 있는가 하면 원숙한 신심이 있습니다. 미지근한 신심이 있는가 하면 뜨거운 신심이 있습니다. 값진 신심이 있는가 하면 값싼 신심이 있습니다. 신비로운 현상과 황홀한 체험, 지속적인 성공과 축복만을 추구하지 고통과 십자가는 거절하는 싸구려 신심도 있습니다. 결국 성모 신심도 성장이 필요하고 성찰과 쇄신이 반드시 필요합니다.

우리 한국 교회 신자들의 성모 신심은 경탄할 만합니다. 박수 받을 만합니다. 그러나 동시에 약간의 문제도 있습니다. 예를 들면 이런 것입니다. 우선 우리의 성모 신심은 지나치게 기복적이고 개인주의적입니다. 어떤 분은 성모님에 대한 열정이 정말 대단합니다. 그러나 공동체성이 결여되어 있습니다. 보편 교회의 가르침에 벗어나 있습니다. 그래서 우리들의 성모 신심은 언제나 진지한 성찰과 종합적인 진단이 필요합니다. 어떤 분을 보면 두툼한 성모님 메시지 모음집을 늘 품에 안고 다니고, 틈만 나면 묵주 기도요 9일 기도입니다. 그러나 가슴 아픈 사회 현실에 대해서는 철저히 외면합니다. 성모 신심을 통해 신비스러움과 달콤함만을 추구합니다. 위로와 편안함만 선호합니다. 그러나 고통과 십자가는 외면합니다. 이런 신심은 배척해야 할 값싼 신심이며 천박한 신심입니다.

우리 가톨릭교회는 그렇게 가르치지 않습니다. 고통과 십자가 없는 구원은 기대조차 하지 말라고 가르칩니다. 우리가 기도할 때, 특별히 성모님께 도움을 청할 때 반드시 유의할 점이 있습니다. 기도는 무엇입니까? 하느님과 인간의 소통이요 대화입니다. 이것저것 우리들의 작고 이기적인 잡다한 바람들을 꼭 성취시켜 달라고 졸라 대는 것이 기도의 전부가 아닙니다. 그보다는 한 그리스도인이 주님과 마주 앉는 것이 기도입니다. 한 그리스도인이 성모님과 함께 마주 앉아 대화를 나누는 것이 기도입니다. 예수님과 함께 성모님과 함께 시간을 보내는 것이 기도입니다. 성모 신심 가운데 하나로 9일 기도를 바치는데, 그냥 9일 기도를 바치는 것이 아니라 강력한 청원을 얹어서 바치지 않습니까? 예를 들면 자녀의 원하는 대학 합격, 남편의 승진, 중병의 치유 등등. 그런데 저는 요즘 와서 조금 깨달았습니다. 9일 기도, 청원 기도 때 우리가 궁극적으로 청할 것은 따로 있다는 것을 깨달았습니다. 우리가 강력히 청할 것은, 바로 성령입니다. 성령이 내게 임하시도록, 내 안에 머무시도록, 내 안에서 역동적으로 활동하시도록 간절히 청하고 또 청하면, 하느님께서 우리를 얼마나 예쁘게 보시겠습니까?

나쁜 것이나 유치한 것도 아니고 성령을 청하는데, 분명 하느님께서는 우리에게 아낌없이 성령을 보내 주실 것입니다. 그런데 성령을 받으면 좋은 점이 한두 가지가 아닙니다. 그때 우리는 꽃이 피는 시절에도 기뻐하지만, 꽃이 지는 시절도 기꺼이 받아들입니다. 막 출고된 신차처럼 건강미 철철 넘치는 젊은 시절에도 감사하지만, 낡은 중고차처럼 여기저기 아프고 골골할 때도 감사의 기도를 바칩니다. 성령의 힘입니다. 성령께서 함께하실 때 우리는 한없이 부족하고 나약한 인간 존재지만 대자연의 순환 주기와 생로병사를 큰마음으로 수용합니다. 성령께서 내 안에 활동하실 때 인생사 안에서 벌어지는 크고 작은 사건 사고들, 결코 호의적이지 않은 현실을 인생의 한 부분으로 자연스럽게 받아들입니다. 간절한 기도의 대가로 성령을 충만히 받은 사람들에게는 놀라운 은총이 뒤따릅니다. 주님께서 친히 우리 마음의 문을 여시고, 우리 안에 들어오셔서 정착하십니다. 우리 안에 굳건히 현존하십니다. 주님의 눈으로 세상만사를 바라보게 됩니다. 모든 것에 감사하게 됩니다. 이런 너그러움, 감사의 삶은 성모님께서 우리에게 보여 주신 모범적인 신앙생활입니다. 곧 바람직한 성모 신심입니다.

"구원자 예수 그리스도에 대한 신앙과 성모 신심 사이의 부조화와 불균형이 그릇된 성모 신심의 가장 큰 원인이라고 생각합니다. 둘 사이에서 어떻게 조화와 균형을 이룰 수 있을까요?"

성모 신심이란 정말 좋은 것이고 우리 그리스도교 신자들에게 꼭 필요한 신심입니다. 예를 들어 멕시코 과달루페 성모님 발현 이후에 깜짝 놀랄 일이 발생했습니다. 멕시코 국민 대부분이 세례를 받은 것입니다. 뿐만 아닙니다. 지금도 루르드나 피티마 성모 성지에는 매년 셀 수도 없이 많은 순례객이 방문하고 있습니다. 거기서 사람들은 성모님을 만나고, 예수님을 만나고, 그 자리에서 회개를 하고 새로운 삶을 시작합니다. 그러나 한 가지 늘 염두에 둘 것은, 자꾸 외식만 해서는 안 됩니다. 지나친 편식을 계속해서는 안 됩니다. 주식을 가장 먼저 꾸준히 챙겨야 합니다. 주식이 무엇입니까? 매일의 성찬례입니다. 아침, 저녁 기도입니다. 가정과 본당, 직장과 인간관계 안에서 지속되는 사랑의 실천입니다.

성령 안에서 예수님을 주님과 그리스도로 믿고 고백하며, 그분을 통해서 하느님 아버지께 나아가는 것! 그것이 우리 그리스도교 핵심이요 전부입니다. 그리스도인들은 누구나 성령의 인도 아래 그리스도를 뒤따라 성부께로 나아가는 존재입니다. 따라서 그리스도인의 삶은 본질적으로 삼위일체입니다. 그렇다면 성모 신심은 무엇입니까? 우리 그리스도인들을 삼위일체이신 하느님께로 안내하는 신심입니다. 성모 신심은 결코 독자적인 것이 아닙니다. 성모 신심은 그 중심에 언제나 예수님께서 자리하고 계십니다. 성모 신심은 철저하게 예수 그리스도 중심적입니다. 따라서 성모 신심은 언제나 예수 그리스도에 대한 신심, 하느님께 대한 신심 안에서 고찰되어야 마땅합니다.

교회는 성모님께 대한 신심을 언제나 정통 신앙의 바탕 위에서 받아들이고, 시대와 상황에 따라 재조명하고 합당하고 적절한 방법으로 성모 신심을 표현하도록 권장해 왔습니다. 본당에서 매일 이루어지는 미사나 각종 전례, 매일 가정 안에서 이루어지는 기도나 가족들을 위한 사랑의 봉사는 뒷전이고 저 멀리 효험 좋고 말씀 좋다는 곳만 찾아다닌다면 건강하지 못한 성모 신심입니다. 건강 진단하듯 우리의 신심, 신앙생활의 건강 상태도 정기적으로 검진을 받아야 합니다. 그게 바로 영적 지도이고 영적 동반입니다.

하느님께서 우리에게 바라시는 바람직한 신심이 어떤 것인지 자주 고민해야 합니다. 앞뒤 따지지도 않고 무조건적으로 믿는 광적 집단적 신심은 반드시 점검이 필요합니다. 한 지도자가 지나치게 신격화하고 과대 포장하는 신심은 분명히 문제가 있습니다. 한 인간의 가치나 존엄성이 무참하게 훼손되는 그런 신심 역시 진지한 성찰이 필요합니다. 따라서 바람직한 신심이란 예수님의 가르침과 인간의 이성이 잘 조화된 신심입니다. 인간 사회에서 일반적으로 통용되는 기본 상식과 예의가 존중되는 신심입니다. 단 한 번에 모든 것이 다 성취되기보다 돌탑 쌓듯이 오랜 세월을 두고 꾸준히 쌓아 올리는 신심입니다. 고통과 시련 속에서도 꾸준히 희망하며 나 자신의 비참함을 견뎌 내는 신심입니다.

우리가 예비 신자 때, 그리고 초보 신앙인일 때의 조금은 단순하고 순수하며, 어느 정도 자기중심적이고 약간의 기복적인 신심을 지니는 것은 당연한 일입니다. 초보이기 때문에 이해됩니다. 그러나 신앙생활에 접어든 지 30년, 40년이 지났음에도 신심이 조금도 성장하지 못하고 있다면 진지하게 반성해야 합니다. 영적 성장을 위한 다양한 노력의 결과 하느님을 좀 더 잘 알고, 하느님에 대한 사랑도 깊어지고, 그 사랑을 이웃에게도 나누는 그런 성숙한 신심이 필요합니다. 난데없이 다가온 이해하지 못할 고통 앞에서도 담담히 수용하고, 삶이 내게 호의적이지 않다 하더라도 큰마음으로 받아들이고, 역경 속에서도 하느님의 때를 기다리는 그런 신심이 필요합니다. 바로 성모님께서 보여 주신 삶의 모습이기에 그렇게 사는 것이 바람직한 성모 신심을 생활화하는 것입니다.

앞서 수많은 성인 성녀들이 공통적으로 성모 신심이 있었다고 말씀드린 바 있습니다. 하늘의 별처럼 수많은 성인 성녀 가운데서도 특별히 성모님을 균형 있게 사랑했고, 바람직한 성모 신심이 어떤 것인지 생애 전체를 통해 드러내신 분이 계신데, 루도비코 성인(1673-1716)입니다. 그는 프랑스 몽포르에서 태어나, 오늘날 우리가 몽포르의 성 루도비코라고 부릅니다. 이분의 여러 저서 가운데 「성모님께 대한 참된 신심」이라는 흥미로운 책이 있습니다. 여러 언어로 번역되었고, 여러 교황들, 특히 성 요한 23세 교황, 성 요한 바오로 2세 교황이 아주 좋아한 책입니다. 루도비코 성인은 성모님께 대한 거짓 신심의 표지 일곱 가지와 참된 신심의 표지 다섯 가지를 우리에게 제시합니다.

성모님에 대한 거짓된 신심 일곱 가지는 다음과 같습니다.

1) 비판적 신심. 성모님에 대한 신심이 있기는 하지만 그 신심이 지나치게 자기중심적입니다. 이런 신심의 소유자는 단순하고 소박한 성모 신심의 소유자를 무시합니다. 이들은 성모님께 대한 과도한 신심을 자제해야 한다는 이유로 성모님에 대한 공경 자체에 손상을 입힙니다.
2) 소심한 신심. 이런 신심의 소유자는 성모님을 공경하는 것이 아들 예수님의 명예를 손상하고, 성모님을 들어 높이는 것은 아들 예수님의 품위를 낮추는 것이라며 두려워합니다. 이들은 어머니를 공경하는 것이 아들을 즐겁게 하고 영광을 드리는 것임을 망각합니다. 이들은 성모님을 공경하는 것은 곧 예수님께로 나아가는 것이라는 사실을 모릅니다.
3) 표면적 신심. 성모님을 향해 마음에서 우러나는 존경심 없이 외적이고 형식적인 신심 행위에만 치중

하는 신심입니다. 마음 없이 묵주 기도를 바치거나 신심 행사에 참여합니다. 성모님의 덕행을 본받겠다거나 삶을 바꾸겠다는 의지가 없습니다.

4) 오만불손한 신심. 온갖 세상의 욕망에 깊이 빠져 살면서도 외적 신심 행위를 통해 하느님의 자비와 용서를 얻을 수 있다고 생각하는 신심입니다. 이런 신심의 소유자는 마치 신약 성경의 바리사이들과 비슷합니다. "나는 성모님께 대한 신심으로 스카풀라를 착용하고 있습니다. 매일 충실하게 묵주 기도를 바칩니다. 성무일도도 바치고 단식도 합니다."라고 외칩니다. 하느님의 크신 자비를 외치지만, 자비를 받기에 합당한 삶을 살지 않습니다.

5) 변덕스러운 신심. 지속성이나 항구함이 결여된 성모 신심입니다. 이런 신심의 소유자는 그때그때 기분에 따라 심심풀이 성모 신심을 지니고 있습니다. 어떤 때는 성모 신심이 확 불타올랐다가 어떤 때는 즉시 식어 버립니다. 때로 성모님을 위해 목숨까지 내놓을 정도지만, 다음 날 전혀 다른 사람으로 돌변합니다.

6) 위선적 신심. 하느님의 눈, 성모님의 눈은 안중에도 없습니다. 그저 세상 사람들 눈에 경건하게 보이기

위해 발버둥을 칩니다. 죄와 악습 속에 살지만 그것을 감추고 사는 신심입니다.
7) 이기적 신심. 자신의 현세적 유익을 위해서만 성모님께 매달리는 신심입니다. 재난을 피하기 위해, 치유를 위해 성모님을 찾습니다. 그러나 평소에는 성모님을 생각조차 하지 않는 사람입니다.

몽포르의 루도비코 성인은 이런 우리를 위해 어떻게 하면 성모님에 대한 참된 신심을 지닐 수 있는지 다섯 가지를 소개합니다. 1) 내적이고 영적인 신심 2) 애정이 넘치고 다정하고 순수한 신심 3) 거룩한 신심 4) 항구한 신심 5) 사심없는 이타적 신심입니다.

이 시간 우리는 바람직한 성모 신심과 그릇된 성모 신심에 대해서 살펴봤습니다. 우리가 지닌 성모님을 향한 사랑과 신심이 어떠한 것인지, 잘 성찰하고 돌아보는 계기가 되기를 바랍니다.

열 번째 이야기

성모님에 관한 4대 교리

하느님의 어머니, 원죄 없으신 잉태,
성모 승천, 평생 동정

마리아와 요셉, 그리고 아들 예수님께서는 오랜 세월 동안 한 울타리 안에서 함께 거처하셨습니다. 분명 서로 다름으로 인해 마음이 불편한 일, 이해하지 못할 일들이 발생했을 것입니다. 그때마다 성모님은 불평불만을 하시거나 하소연하지 않으시고 마음속에 간직하셨습니다. 한걸음 크게 뒤로 물러나셨습니다. 속상한 일이 발생해도 그 자리에서 즉시 반응하지 않으셨습니다. 왜 나에게 그따위로 말하느냐고 따지지 않으셨습니다. 즉시 한걸음 뒤로 물러나셨습니다. 기도하시면서 그 말씀이 뜻하는 바가 무엇인지 묵상하셨습니다. 앞으로 어떻게 해야 하나 고민하셨습니다. 그런 노력의 결과로 나자렛 산골 소녀 마리아의 신앙은 비약적으로 성장해 갔습니다. 거룩한 동정성을 평생 간직할 수 있으셨고, 제자들과 교회의 어머니가 되셨고, 영광스럽게 승천하셨고 하느님의 어머니가 되셨습니다. 그 위대한 여정의 첫 출발점에는 성모님의 생활 속 거리 두기가 있었습니다. 크게 한걸음 뒤로 물러나 사건을 바라보고, 기도하고, 묵상하는 그런 여유롭고 관대한 마음이 있었습니다.

요즘 저는 제가 생각해도 참 기특한 습관 한 가지를 지니게 되었습니다. 여러분 저희 수도자들의 생활을 어떻게 생각하십니까? 잔잔한 호수 같은 생활이라고 생각하십니까? 늘 기도하고 늘 찬미하고 천상 예루살렘 같은 생활이라고 생각하십니까? 물론 그런 순간도 있지만 사실 살아 보니 만만치 않은 생활입니다. 나와 달라도 너무나 다른 그와 사느라 에너지 소모가 많은 생활입니다. 때로 뒤돌아서서 분을 참느라고 씩씩거리거나 눈물도 흘리는 상처투성이 생활입니다. 저는 요즘 마음 상하는 일이 생길 때, 도무지 이해하지 못할 일이 발생할 때 즉시 하던 일을 멈춥니다. 그리고 잠깐 바깥으로 나갑니다. 하늘을 올려다보면서 몇 분 동안 심호흡을 크게 합니다. 그리고 천천히 산책하면서 묵주 기도를 바치다 보면 결론은 언제나 잔잔한 마음의 평화입니다. 별것 아닌 걸로 괜히 그랬구나 하며 다시 마음을 추스르게 됩니다.

성모님도 아마 똑같았을 것입니다. 이해하지 못할 사건 앞에 설 때마다 즉시 기도를 시작하셨습니다. 하느님의 뜻이 무엇인지 찾아 나가기 시작하셨습니다. 어떻게 행동해야 하는지 하느님께 여쭈었습니다. 그런 지속적인 노력의 결과 성모님은 하느님께서 지속적으로 현존하시는 살아 있는 감실이 되셨습니다. 살아 있는 계약의 궤가 되셨습니다.

"성모님에 관한 4대 믿을 교리는 어떤 것들입니까?"

네 가지 믿을 교리들은 다음과 같습니다.
첫째, 원죄 없이 잉태되신 성모님에 관한 교리입니다.
둘째, 평생 동정이신 성모님에 관한 교리입니다.
셋째, 천주의 모친, 즉 하느님의 어머니이신 성모님에 관한 교리입니다.
넷째, 승천하신 성모님에 관한 교리입니다.

"성모님에 관한 네 가지 믿을 교리는 상호 어떤 연관성이 있습니까?"

네 가지 믿을 교리의 주체요 주인공은 당연히 하느님이십니다. 그리고 가장 큰 조역은 당연히 성모님이십니다. 하느님의 총애를 받으신 성모님께서는 놀랍게도 원죄 없이 잉태되셨습니다. 원죄 없으심을 바탕으로 성모님은 평생 동정을 간직하며 순결하고 거룩한 삶을 사셨습니다. 그 결과 성모님은 하느님에 의해 천상으로 들어 올려졌습니다. 다시 말해 승천하셨습니다. 자비하신 하느님께서는 승천하신 성모님께 예수님의 어머니, 곧 하느님의 어머니가 되게 하셨습니다. 원죄 없이 잉태되심이 구원의 첫 열매인 성모님 신비의 출발점이라면 성모님의 승천은 종착점이 되는 것입니다. 이렇게 성모님 관련 4대 교리는 서로 자연스럽게 연결되며, 4대 교리는 서로 다른 교리들을 지지하고 보완하고 완성해 줍니다.

"성모님에 관한 4대 교리들 가운데 다른 교리들은 말만 들어도 대충 파악이 가능한데, 무염 시태 교리는 말 자체가 어렵습니다. 무슨 의미인가요?"

무염 시태無染始胎는 '없을 무', '물들 염', '비로소 시', '뱉 태' 자입니다. 그럼 연결해 볼까요? 성모님께서 '시태!' 잉태되셨는데, 어떻게 잉태되셨습니까? 무염 상태, 즉 오염되지 않은 상태로 잉태되셨습니다. 그렇다면 무엇에 물들지 않은 상태? 원죄에 물들지 않은 상태로 잉태되셨습니다. 다시 말해 성모님께서는 아무런 흠 없이 무죄한 상태로 잉태되셨다는 것입니다. 이제는 '성모 무염 시태'라는 용어 대신에 '원죄 없이 잉태되신 성모'라고 합니다.

교회 역사에서 성모님의 원죄 없이 잉태되심에 대한 교리는 오랜 연구와 반박, 옹호가 거듭되어 왔습니다. 원죄 없이 잉태되신 성모님에 대한 초기 교부들의 표현이 참 아름답습니다. "요아킴과 안나의 거룩한 딸인 마리아는 성령의 신방에서 티 없이 살았기에 하느님의 신부가 되고 하느님의 어머니가 되었습니다. 하느님 아버지께서는 인류 구원을 위한 구세주 예수 그리스도의 강생을 위해 마리아의 영혼을 준비시키셨습니다. 마리아는 그리스도의 무죄한 몸이 거처하실 수 있도록 가꾸어진 순결한 나무입니다. 순결하며 거룩한 영혼과 육신의 소유자 마리아는 가시덤불 속에 핀 한 송이 백합화 같습니다."

성모님을 극진히 사랑했으며 성모님에 대한 탁월한 신심의 소유자였던 8세기 수도자 다마스쿠스의 성 요한은 원죄 없이 잉태되신 성모님에 대해 이런 기록을 남겼습니다. "아담의 타락으로 인해 인류는 모두 죄인이 되어 하느님의 크신 은총에서 흘러나오는 큰 선물을 잃어버렸습니다. 그 선물은 죽음으로부터의 자유, 육체와 영혼의 질병으로부터의 자유, 욕정과 무지로부터의 자유입니다. 인류 역사에서 마리아만이 은총이 가득하며 그러한 것들에 대해서 자유롭습니다. 마리아는 단 한 번도 당신의 시선을 창조주로부터 뗀 적이 없습니다."

마침내 1854년 12월 8일 비오 9세 교황은 원죄 없이 잉태되신 교리를 장엄하게 선포했습니다. 회칙 'Ineffabilis Deus'(형언할 수 없는 하느님)에서는 이렇게 설명하고 있습니다. "복되신 동정녀 마리아는 잉태된 첫 순간부터 인류의 구세주이신 예수 그리스도의 공로와 전능하신 하느님의 유일무이한 은총의 특전으로 말미암아 원죄에 물들지 않고 보존되셨다."

"원죄 없으신 잉태 교리에 대한 성경적 근거가 있습니까?"

원죄 없으신 잉태 교리는 성경에 직접적 근거를 지니지 않습니다. 비오 9세 교황은 이 교리가 초대 교회 교부들에게서 전수된 거룩한 선물이며, 거룩한 인장으로 날인되어 계시된 교리로서 교회 안에 항상 보전되어 왔음을 강조했습니다. 교회 안에서 전수되어 내려온 일종의 전승입니다.

"세상 모든 사람이 원죄를 가지고 태어나는데, 왜 성모님만 원죄가 없다고 하는 겁니까? 성모님도 우리와 똑같은 한 인간이라면서요?"

솔직히 이 질문에 답하기가 참 어렵습니다. 고민을 많이 하게 됩니다. 이럴 때 가장 좋은 방법은 가급적 단순하게, 간단명료하게 말씀드리는 것이라고 생각합니다. 과거 왕가에서는 왕의 부인이나 왕자의 부인을 간택할 때 엄청난 숫자의 후보 규수들을 점지해 놓고, 그 가운데서 고르고 또 골랐습니다.

평판이 좋은 가문의 여인들, 미모와 지성을 겸비한 여인들, 가장 깨끗하고 흠 없는 여인들 가운데서 심사숙고해서 선발한 것입니다. 건강하고 지적이며, 흠 없는 왕손을 얻기 위해 그 어머니 역시 건강하고 흠 없는 여인이어야 마땅하다는 것입니다. 드리고 싶은 말씀은 이것입니다! 세속 왕의 어머니가 될 여인도 그렇게 세심하게 준비시키는데, 하물며 만왕의 왕, 구세주 예수님의 어머니가 되실 분을 아무런 준비 없이 선택하지 않으셨을 것입니다.

하느님께서는 심사숙고 끝에 당신 아들 예수님의 어머니가 될 여인을 고르셨는데, 가장 잘 준비된 분, 아무런 흠도 티도 오점도 없는 순결하신 분, 원죄에 물들지 않은 분을 선택하셨는데, 바로 나자렛의 마리아였습니다. 원죄 없으신 잉태 교리는 너무나 큰 신비와 베일 속에 가려진 알쏭달쏭한 교리이기 때문에 인간의 입으로 아무리 설명해도 이해하기 어렵습니다. 그래서 우리는 믿을 교리라고 합니다.

원죄 없으신 잉태 교리를 이해하기 어려운 이유가 있는 것 같습니다. 우리 모두 죄인이기 때문입니다. 평소 머리카락보다 많은 일상의 죄 속에 깊이 파묻혀 살아가다 보니, '원죄 없이 산다는 것이 과연 가능하겠는가?' 하는 의구심이 일어나는 것은 당연한 것 같습니다. 우리가 죄를 좀 덜 짓는다면, 우리가 좀 더 자주 고해소에 들어가면, 좀 더 순결하게 살아간다면 원죄 없으신 잉태 교리는 훨씬 이해하기 쉬워질 것입니다. 우리가 좀 더 자주 하느님의 뜻을 찾으며, 좀 더 하느님 안에 머무르며, 좀 더 하느님과 일치하며, 좀 더 하느님께 순종하며 살아간다면 원죄 없으신 잉태 교리는 좀 더 현실감 있게 다가올 것입니다.

너무나 많은 세상 사람들이 원죄 없으신 잉태 교리 앞에 고민하고 갈등하며 의혹을 품다보니 마침내 1858년 성모님께서는 프랑스 루르드에 직접 발현하셔서 원죄 없으신 잉태 교리를 당신 입을 통해 확인시켜 주셨습니다. 성모님께서는 1858년 2월 11일부터 7월 16일까지 총 18번에 걸쳐 베르나데트 성녀에게 발현하셨는데, 마지막 발현 때 이런 말씀을 건네셨습니다. "사랑하는 내 딸 베르나데트야, 나는 원죄 없이 잉태된 자다."

원죄 없으신 잉태 교리는 삼위일체 교리와 함께 설명하기도, 이해하기도 정말 어려운 교리입니다. 인간 존재가 원죄 없이 잉태되었다는 교리는 인간의 눈, 세상 이치로는 백번 죽었다 깨어나도 이해하기 힘든 가르침입니다. 그래서 필요한 것이 신앙의 눈입니다. 영적인 시선입니다.

원죄 없이 잉태되신 성모님의 생애를 묵상하면서 저는 이런 생각을 하게 되었습니다. 다음 주에 존경하는 프란치스코 교황님이, 아니면 저희 살레시오회 최고 장상인 총장 신부님이 황송하게도 태안반도 끝에 있는 저희 공동체를 특별 방문하신다면 그분을 어디에 모셔야 할까? 그 특별한 손님을 아무 방에나 모시지 않을 것입니다. 저희 수도원에서 제일 전망이 좋은 특실, 가장 넓고 쾌적한 방에 모실 것입니다. 물론 몇 사람이 며칠 동안 달라붙어 침실이며 화장실이며, 번쩍번쩍 광채가 날 정도로 깨끗이 청소할 것입니다. 그것이 그 특별한 손님에 대한 합당한 예우일 것입니다. 그런 생각을 갖고 원죄 없이 잉태되신 성모님을 바라보니 조금 이해의 폭이 생겼습니다. 교황님이나 총장님을 위한 거처 마련에도 그렇게 공을 들이는데, 하물며 하느님을 위한 거처를 마련하기 위해 더 많은 공을 들이는 것은 지극히 당연한 일이겠지요.

하느님께서 이 세상에 강생하시는 과정에서 그분의 거처는 너무나도 당연히 이 세상에서 가장 깨끗하고 거룩해야 마땅합니다. 이런 면에서 원죄 없이 잉태되신 성모님은 그리스도께서 지상에 머무실 첫 거처이자 지성소로서 합당한 장소였습니다. 성모님의 원죄 없이 잉태되심은 우리 교회 공동체를 위한 하느님의 배려이자 구원 계획의 성취입니다. 그리스도께서는 교회 공동체가 하느님 앞에 거룩하고 흠 없으며 아름다운 모습으로 서 있기를 원하십니다. 이런 면에서 성모님은 새로운 하느님 백성이자 새로운 교회의 모델입니다.

"성모님께서 당신 몸으로 직접 아들 예수님을 출산하셨는데, 평생 동정이시라니, 정말이지 납득이 가지 않아 난감합니다. 어떻게 생각하십니까?"

성모님의 평생 동정에 관한 교리는 성모님께서 인간의 힘에 의해서가 아니라 성령의 힘에 의해서 동정의 몸으로 아들 예수님을 잉태하셨다는 교리입니다. 동시에 성모님께서 예수님을 출산하신 이후에도 평생토록 동정의 몸으로 생활하셨다는 것에 대한 교리입니다. 여기서 우리는 '인간의 힘에 의해서가 아니라 성령의 힘에 의해서'라는 표현에 주목할 필요가 있습니다. 성령께서 하시는 일에는 불가능이 없습니다. 그분의 활동은 우리 인간의 보편적 사고방식을 초월합니다. 평생 동정 교리가 내포한 중요한 점은 '하느님께는 불가능이 없다.'입니다. 따라서 우리는 인간의 생각이나 사고방식을 초월하는 하느님의 무한한 능력 안에서 평생 동정 교리를 바라봐야 합니다. 동정의 몸으로 아기 예수님을 잉태하고 출산하신 기이하고도 신비스러운 대사건을 인간의 눈이 아니라, 신앙의 눈으로, 성령의 눈으로 바라봐야 합니다.

평생 동정 교리는 성모님께서 아들 예수님을 잉태하시

기 전이나, 출산하실 때나, 출산하신 후에도 동정이었음을 강조합니다. 잉태 이전의 동정성은 인간의 힘이 아닌 성령으로 인해 잉태된 것을 의미합니다. 출산 시의 동정성은 출산의 고통이나 동정성의 파괴 없이 이루어진 것을 의미합니다. 출산 후의 동정성은 예수님 탄생 이후에도 성모님은 평생 통상적인 결혼 생활을 하지 않으셨음을 의미합니다. '동정'은 한 인간이 자신을 처음부터 마지막까지 온전히 하느님께만 전적으로 봉헌하는 것을 의미합니다. 성모님의 동정은 하느님께 자신을 온전히 봉헌한 한 인간의 지고한 사랑과 충실성을 드러냅니다. 성모님께서 예수님을 잉태하시기 전에 동정이었다는 사실은 복음서를 통해 잘 확인할 수 있습니다. "마리아가 요셉과 약혼하였는데, 그들이 같이 살기 전에 마리아가 성령으로 말미암아 잉태한 사실이 드러났다."(마태 1,18) "마리아가 천사에게, '저는 남자를 알지 못하는데, 어떻게 그런 일이 있을 수 있겠습니까?' 하고 말했다."(루카 1,34)

그러나 성모님께서 예수님을 출산하신 이후에도 계속 동정으로 남았는지 여부에 대해서 개신교 측의 공격이 아주 거셉니다. 그들이 결정적 증거라고 하는 대목은 이 부분입니다. "저 사람은 목수의 아들이 아닌가? 그의 어머니는 마리아라고 하지 않나? 그리고 그의 형제들은 야고보, 요셉, 시몬, 유다가 아닌가? 그의 누이들도 모두 우리와 함께 살고 있지 않는가?"(마태 13,55-56) 그들은 성모님께서 예수님을 출산하신 이후에, 요셉과의 사이에서 야고보, 요셉, 시몬, 유다, 그리고 두 누이까지 총 6명의 형제자매를 더 출산하셨다고 강조하며, 성모님의 평생 동정 교리를 부인합니다.

한국 성경에는 형제들이라고 표현되어 있는데, 유다 문화 안에서 형제라는 단어는 좀 더 포괄적으로 사용한다고 이미 말씀드린 바 있습니다. 이복형제, 사촌 형제, 나아가 같은 씨족과 민족, 더 나아가 같은 신앙을 공유한 사람들을 지칭할 때 사용할 수 있습니다. 예로니모 성인은 예수님의 형제라고 불린 인물들이 예수님의 친형제가 아니라, 사촌들이라고 설명하면서 성모님의 동정성을 옹호하였습니다.

"하느님의 어머니, 혹은 천주의 어머니라는 호칭은 언제부터 불리게 되었습니까?"

교회 역사에서 하느님의 어머니 성모님 교리에 대한 고찰은 일찌감치 시작되었습니다. 초대 교회 시절부터 성모님을 하느님의 어머니, 구세주의 어머니로 즐겨 불렀습니다. 3세기부터 '하느님의 어머니'라는 표현을 기도문에 사용했습니다. 431년 개최된 에페소 공의회는 '하느님의 어머니'라는 주제를 주요 의제로 상정했습니다. 공의회를 마친 교부들은 이렇게 선포했습니다.

"마리아의 아들이신 예수님은, 사람이 되신 하느님이시다. 성모님은 자유로운 신앙과 순종으로 하느님의 말씀을 마음과 몸에 받아들여 생명을 세상에 낳아 주셨기에 우리 교회는 마리아를 천주의 성모, 교회의 어머니로 공경한다."

예수님께서 본질적으로 아버지 하느님과 동일한 신적 본성을 지니고 계신다고 고백한다면, 예수님을 낳으신 성모님께 하느님의 어머니라는 칭호를 부여하는 것은 논리적으로 필연적인 귀결입니다. 이렇게 공의회 교부들은 예수님께서 온전한 하느님이시며, 동시에 온전한 인간이라는 것을 확인했습니다. 성모님을 '하느님의 어머니'로 고백한 것은 삼위일체의 신앙고백 안에서 성부와 같은 속성이신 예수 그리스도의 신성을 확인한 것입니다. 제2차 바티칸 공의회의 선언은 이렇습니다. "동정 마리아께서는 천사의 예고로 하느님의 말씀을 마음과 몸에 받아들이시어 '생명'을 세상에 낳아 주셨으므로 천주의 성모로 또 구세주의 참어머니로 인정받으시고 공경을 받으신다."(「교회 헌장」 53항)

이렇게 성모님은 신성과 인성을 동시에 지니신 그리스도를 낳으심으로써 하느님의 어머니가 되셨는데, 이런 성모님의 모성을 단지 생물학적·육신적 측면에서만 주목해서는 안 됩니다. 성모님께서 하느님의 아들을 낳으실 수 있었던 가장 중요한 요인은 하느님의 말씀이 이루어지리라는 것을 굳게 믿고 "예"라고 응답했기 때문입니다. 성모님은 단지 하느님께서 인간이 되시는 수단에 그친 것이 아닙니다. 육신으로만 하느님을 섬기신 것이 아닙니다. 하느님은 성모님의 신앙의 응답을 통해서 인간이 되신 것을 잊지 말아야 하겠습니다.

고대 교부들은 이 사실을 충분히 인식했고 그래서 다음과 같이 표현했습니다. "성모님은 몸보다 정신으로 먼저 잉태하셨습니다." 성모님은 일차적으로 하느님께 대한 그녀의 절대적인 신앙에 의해서 그리스도의 어머니가 되셨고 그 다음에 비로소 육체적으로 어머니가 되신 것입니다. 성모님께서 하느님의 아들을 낳는 데 결정적 요인이던 신앙의 순종은 구원론적 의미를 지닙니다. 이것을 간파한 것이 고대 교회 교부들이었습니다. 교부들은 성모님의 신앙적 순종으로 하와의 불순명으로 야기된 절망적 죽음의 상황을 극복하는 길이 열렸다고 보았습니다. 따라서 성모님을 새로운 하와로 인식했습니다. 그래서 리옹의 이레네오는 이렇게 말했습니다. "하와의 불순명이 묶어 놓은 매듭을 마리아의 순명이 풀어 주었고, 처녀 하와가 불신으로 맺어 놓은 것을 동정 마리아가 믿음으로 풀었다."

또한 교부들은 마리아가 그녀의 신앙적 태도로 말미암아 하느님의 말씀을 듣고 따르는 신앙인의 공동체인 교회의 전형이며 첫 번째 실현이 되었다고 확신하였습니다. 제2차 바티칸 공의회 교부들은 성모님의 모성을 교회의 모성에 대한 원형으로 간주하였습니다. 교부들의 말씀입니다. "마리아가 신앙의 순명으로 성부의 아들 그리스도를 출산함으로써 어머니가 되셨듯이, 교회도 신앙과 굳은 희망과 진실한 사랑 안에서 하느님 말씀의 선포와 세례성사를 통해서 하느님의 자녀들을 출산하여 그들에게 영원한 새 생명을 주는 어머니가 된다." 하느님께 대한 성모님의 신앙적 응답을 통하여 세상에 구원이 들어왔듯이, 교회의 신앙적 응답을 통하여 각 개인에게 구원이 도래합니다. 이런 의미에서 성모님의 모성은 일회적인 것이 아니라 교회를 통해서 계속된다고 하겠습니다.

"예수님의 승천과 성모님의 승천은 똑같은 것인가요? 아니면 다른가요?"

예수님의 승천은 스스로 하늘로 오르셨다는 능동적 의미의 승천입니다. 성모님의 승천은 다른 누군가에 의해 하늘에 오르셨다는 수동적 의미의 승천입니다. 결국 성모님은 자력이 아니라 타력으로, 즉 하느님의 힘으로 승천하셨습니다. 성모 승천이 지니는 의미는 예수님 승천과는 엄밀히 구별됩니다. 성모님께서 승천하신 영광은 전적으로 하느님 은총 덕분입니다.

"성모 승천이라고도 하고 몽소승천이라고도 하던데, 대체 무슨 뜻인가요?"

네, 요즘은 성모 승천이라고 하는데, 과거에는 몽소승천蒙召昇天이라고 했습니다. '입을 몽' 자에 '부를 소' 자입니다. 성모님께서는 하느님의 은총을 입고, 부르심을 받았기에 비로소 승천할 수 있었다는 것입니다. 이 교리의 지향점은 하느님의 총애를 입으신 성모님께서 하늘로 불러올림을 받으셨다, 즉 구원되셨다는 것을 만천하에 선포하는 것입니다.

1950년 11월 1일 비오 12세 교황은 회칙 'Munificentissimus Deus'(지극히 자애로우신 하느님)을 통해서 성모 승천을 믿을 교리로 선포하였습니다. "원죄에 물들지 않고 평생 동정이셨던 하느님의 모친 마리아는 현세의 생활을 마치신 후 육신과 함께 영혼이 하늘로 올라가 영광을 입으셨다."

"성모 승천 교리가 오늘을 살아가는 우리에게 주는 의미는 무엇입니까?"

성모 승천 교리는 우리에게 큰 희망을 주는 교리입니다. 승천하신 성모님께서는 오늘 지상 순례 여정을 걷고 있는 우리에게 이렇게 말씀하십니다. "내 사랑하는 자녀들이여! 용기를 내십시오. 여러분에게도 가능한 일이 승천이고 구원이며, 천상 영광에의 참여입니다." 성모 승천 교리는 하느님께 대한 성모님의 신앙과 순종, 헌신적인 태도가 무위로 돌아가지 않고 구원과 승천이라는 풍성할 결실을 맺었음에 대한 확증입니다. 그러므로 우리도 성모님처럼 하느님께 자신을 개방하면서 그분의 구원 의지 실현을 위해 헌신한다면 성모님처럼 구원과 승천의 영광에 참여할 수 있을 것입니다. 이런 맥락에서 성모 승천은 지상 순례 여정 중에 있는 우리 모두에게 희망의 징표로 제시됩니다. 아울러 성모님이 도달한 목표는 개인만의 목표가 아니라 믿는 모든 이들의 목표, 교회의 목표이기도 합니다. "마리아 안에서 교회는 궁극적이고 지속적으로 자신의 목표에 도달해 있다고 말할 수 있다. 교회는 후에도 이 목표에서 빗나갈 수 없다. 마리아의 현양은 세상 종말에서 교회 현양을 위한 보증이다."

작년 1년 동안 안식년 비슷하게 한 수녀회 본원에서 거주 사제로 살았습니다. 수녀님들 살아가시는 모습을 옆에서 지켜보면서 참으로 존경스러웠습니다. 틈만 나면 청소들을 그렇게 하십니다. 제가 볼 때 너무 깨끗한데, 쓸고 또 씁니다. 열기가 후끈한 주방 안에서 기쁜 얼굴로 삼시 세끼 식사를 준비하십니다. 뜨거운 뙤약볕 아래서 묵주 기도를 바치면서 열심히 잡초를 제거하십니다. 수도 생활, 엄청 거룩해 보이고 대단해보이지만, 막상 들어와 살아 보면, 수도원 담 밖에서 아옹다옹 티격태격 살아가는 세상 사람들과 크게 다르지 않습니다. 수녀님들도 인간인지라 삼시 세끼 챙겨 드셔야 되고, 매일 나와 철저하게 다른 그로 인해 고민도 해야 됩니다. 월말이 되면 꼬박꼬박 전기 요금이며 수도 요금도 납부해야 합니다.

빛나는 왕관에 푸른 망토를 두르고 영광스럽게 승천하신 성모님의 생애도 마찬가지였습니다. 물론 영광스럽게도 당신의 태중에 구세주 하느님을 잉태하셨고, 몸소 출산하셨습니다. 참으로 은혜롭고도 특별한 인생이었습니다. 그러나 성모님의 구체적인 삶은 우리네 삶과 크게 다를 바 없었습니다. 우리 어머니들처럼 매일같이 오늘 저녁 반찬은 무엇으로 할까 걱정하셨습니다. 매일 무거운 빨래 더미를 머리에 이고 동네 우물가로 향하셨습니다. 저녁이면 기진맥진한 몸과 마음으로 잠자리에 들곤 하셨습니다. 때로 종잡을 수 없는 소년 예수님의 언행에 큰 상처도 받으셨습니다.

성모님의 삶이라고 해서 언제나 만사형통하고 승승장구한 것이 아니었습니다. 그분의 삶은 때로 기구하고 때로 혹독했습니다. 때로 삶 전체가 슬픔 덩어리요 고통 덩어리일 때도 있었습니다. 그때마다 성모님은 하느님께서 건네신 언약의 말씀을 기억했습니다. 자신은 그분의 부족하고 나약한 여종일 뿐이라는 겸손한 신원 의식을 잊지 않았습니다. 지금 당장은 혼란과 무지의 상태이지만, 언젠가 그분께서 내 눈과 마음을 열어 주셔서, 모든 것을 이해할 때가 오리라는 것을 희망했습니다. 그 오랜 인내와 기도, 의탁과 희망의 결과가 영광스러운 승천입니다.

교회 전승에 따르면 성모님께서는 성령 강림 직후 에페소로

가셨습니다. 골고타 언덕 위에서 아들 예수님께서 남기신 유언에 따라 요한 사도과 함께 지내셨습니다. 평소 성모님의 성향을 고려할 때 절대 편안히 계실 분이 아니었습니다. 요한 사도를 비롯한 여러 사도들의 어머니로서 할 수 있는 최선을 다하셨습니다. 사도들을 뒷바라지하면서, 틈만 나면 기도하면서, 언젠가 상봉할 당신 아들 예수님을 매일 그리워하며 경건한 삶을 사셨습니다. 성모님께서 우리들처럼 죽지 않고 승천하셨다는 믿음은 사도 시대 때부터 전해지고 있습니다.

성모님의 죽음과 승천에 관한 전설은 다양합니다. 한 전설에 따르면 성모님의 임종이 가까워지자 선교를 위해 사방에 흩어져 있던 사도들이 와서 마지막 인사를 올렸답니다. 이윽고 성모님께서 임종하시자 사도들은 기도와 찬미가로 그녀의 덕을 기렸고, 정성껏 장례를 치렀다고 합니다. 그런데 멀리 선교를 나가 있던 토마스 사도는 빨리 온다고 최선을 다했지만, 도착해 보니 장례를 치른 지 이미 사흘 뒤였습니다. 너무나 안타까웠던 토마스 사도는 성모님 얼굴이라도 뵈려고 무덤을 열었는데, 그분의 시신은 온데간데없이 사라지고 수의는 잘 개어져 있었으며, 아주 향기로운 냄새가 무덤 속을 가득 채우고 있었답니다. 현장을 목격한 사도들은 이렇게 외쳤답니다. "우리 주 예수님께서 당신 어머님을 부활시키셔서 그 정결한 육신을 모시고 하늘로 올라가셨습니다!"

성모 승천은 교회와 전 인류가 그토록 바라던 최종 희망이 실현됨을 보여 주는 축제일입니다. 성모 승천은 인류 구원의 역사가 완성되었을 때 모든 사람들이 누리게 될 영광을 미리 보여 주는 위로와 희망의 표지이기도 합니다. 따라서 성모 승천 교리를 굳게 믿는 우리들은 오늘 자신의 처지가 아무리 실망스럽더라도 좌절해서는 안 됩니다. 좌절이 클수록, 고통이 커질수록 우리가 나아갈 길이자 역할 모델이신 성모님을 바라봐야 합니다.

성모 승천과 관련한 다마스쿠스의 성 요한의 찬미가가 참으로 아름답습니다. "창조주를 아기로서 품에 안았던 분이 하느님의 집에 사랑으로 가득 차서 머무는 것은 옳은 일입니다. 성부께서 간택하신 신부가 하늘의 신방에서 사는 것은 옳은 일입니다. 당신의 아들이 십자가에 매달린 것을 가까이서 보며 아들을 낳으실 때도 느껴 보지 못했던 칼날 같은 슬픔을 느낀 이가 자기 아들이 아버지와 함께 앉아 있는 것을 보는 것은 옳은 일입니다."

네, 오늘 이렇게 마지막 강의로 성모님 관련 4대 교리에 대해서 살펴봤습니다. 강의를 마무리해 보겠습니다. 원죄 없이 잉태되신 순간부터 성덕으로 충만한 성모님이셨지만, 우리와 마찬가지로 '이 세상'이란 성화의 장 안에서 갖은 희로애락을 겪으신 분이 성모님이셨습니다. 우리와 똑같이 다양한 형태로 다가오는 십자가의 길을 기쁘게 걸어가시면서 조금씩 성화의 길로 나아가신 성모님, 그리고 마침내 영광스럽게 승천하신 분이 성모님이십니다.

성모님의 승천은 승리가 죽음을 삼켜 버린 대사건, 예수님의 부활 승천의 복사판입니다. 성모님의 승천은, 나약한 인간이지만 썩는 몸에 썩지 않는 것을 입은 위대한 사건입니다. 성모님의 승천, 성인 중의 성인이 되신 것은 우리에게 큰 희망을 준 대사건입니다. 우리가 비록 썩을 몸을 지닌 인간이지만, 우리도 언젠가 성모님처럼 불멸의 갑옷으로 갈아입을 수 있음을 보여 준 은혜로운 대사건입니다.

이렇게 총 열 번의 강의를 끝내게 되었습니다. 이토록 은혜로운 시간 함께할 수 있도록 초대해 주신 하느님께, 그리고 성모님께 진심으로 감사드립니다.

여러분, 누차 강조한 것처럼 성모님은 우리를 당신 아들 예수님께로 이끄시는 이정표요 인도자이십니다. 언제나 성모님을 통해 예수님께로 나아가는 우리가 되도록 함께 노력하면 좋겠습니다.